Georg Schuppener

Basiswissen
Varietäten des Deutschen

Georg Schuppener

Basiswissen Varietäten des Deutschen

Über den Autor:

Prof. Dr. Dr. Georg Schuppener, geb. 1968 in Aachen. Studium der Germanistik, Geschichte, Mathematik, Philosophie, Wissenschaftsgeschichte und der arabischen Sprache in Aachen, Hamburg, Leipzig, Jena und Tunis. Gastprofessuren in Halle/Saale, Kaliningrad (Königsberg/Russland), Ústí nad Labem (Aussig/Tschechische Republik) und Katowice (Kattowitz/Polen). Derzeit Professor an der Universität der Hl. Cyrill und Method in Trnava/Slowakei. Träger mehrerer Wissenschaftspreise, so u.a. des Theodor-Frings-Preises der Sächsischen Akademie der Wissenschaften zu Leipzig. Autor zahlreicher Publikationen zur Sprach-, Kultur- und Wissenschaftsgeschichte.

Förderhinweis:

Financované z projektu APVV-15-0360 Rozmery revitalizácie etnickej minority na Slovensku: Interdisciplinárny záchranný výskum zanikajúcej etnickej skupiny Huncokárov.

Rezensenten:

Mgr. Dušan Fedič, PhD.
doc. PhDr. Martin Lachout, Ph.D.

1. Auflage, April 2020
ISBN: 978-3-95817-050-6
www.edition.hamouda.de

Inhaltsverzeichnis

Vorwort

Das vorliegende Buch ist gedacht als eine Zusammenstellung der wichtigsten Informationen zu Varietäten des Deutschen. Vermittelt werden soll damit ein solides Grundlagenwissen, ohne zu sehr auf Details einzugehen. Damit tritt das Buch nicht in Konkurrenz zu ausführlichen Lehrbüchern, Einzel- oder Gesamtdarstellungen zu dieser Thematik. Vielmehr können diese zur deutlichen Vertiefung der hier in sehr kurzer Form dargestellten Inhalte dienen.
Auf Grund der angestrebten sehr verdichteten und kurzen Darstellung wurde auf die quellenmäßige Belegung in den einzelnen Kapiteln verzichtet. Stattdessen listet ein Literaturverzeichnis empfehlenswerte weiterführende Werke auf, die zu den behandelten Themen detailliertere Informationen bieten und auch unterschiedliche wissenschaftliche Ansätze und Diskussionslinien repräsentieren.
Aus der hier verfolgten Zielsetzung ergibt sich, dass in vielen Fällen auf die nähere Betrachtung von Teilaspekten oder auch auf die kritische Diskussion des Forschungsstandes verzichtet werden musste. Hierzu sei ebenfalls auf die empfohlene weiterführende Literatur verwiesen.
Die Beschäftigung mit Varietäten gehört zu den facettenreichsten Gebieten der Sprachwissenschaft, ist doch das Spektrum der Untersuchungsobjekte (= Varietäten) äußerst breit und auch die methodische Vielfalt des Herangehens beachtlich. Neben einer synchronen steht eine diachrone Perspektive, neben arealen Aspekten stehen soziale bzw. schichtspezifische. Vor allem weist die Varietätenlinguistik zahlreiche interdisziplinäre Anknüpfungspunkte auf. Alle diese und viele weitere Gesichtspunkte sollen im Folgenden zumindest ange-

sprochen werden, um eine Grundlage für eine vertiefte und ausführlichere Beschäftigung mit dem einen oder anderen Themenbereich zu schaffen.

Auch wenn sich dieses Buch auf das Varietätenspektrum des Deutschen konzentriert, können doch manche Inhalte durchaus auf andere Sprachen übertragen werden, teils unmittelbar (z.B. im Falle der altersabhängigen Varietäten), teils in Analogie (z.B. hinsichtlich genereller Feststellungen zu Dialekten und Regiolekten). Insofern kann die Beschäftigung mit den nachfolgenden Kapiteln nicht nur im Hinblick auf die germanistische Linguistik nützlich sein, sondern auch für andere Sprachwissenschaften.

Die den einzelnen Kapiteln beigegebenen Vertiefungsaufgaben sollen zur weiteren Beschäftigung mit den verschiedenen Themen anregen. Dabei wurde Wert darauf gelegt, nicht das in den Kapiteln vermittelte Wissen abzufragen, sondern es vielmehr zu erweitern und anzuwenden. Dazu ist es in vielen Fällen notwendig, auf die im Literaturverzeichnis genannte weiterführende Literatur zurückzugreifen oder im Internet zu recherchieren. Viele Aufgaben sollen zudem zur kritischen Reflexion von Teilaspekten dienen und das Problem- und Methodenbewusstsein schärfen. Insgesamt sollen sie dazu ermutigen, sich selbstständig neue Kenntnisse und Kompetenzen anzueignen, und dazu befähigen, Verbindungen, Chancen und Perspektiven, aber auch offene Fragen der Varietätenlinguistik zu erkennen.

Mit seiner Überblicksform eignet sich das Buch auch für die speziellen Bedürfnisse der so genannten Auslandsgermanistik. Die komprimierte und zugleich praxisnahe Darstellung bietet gerade für Nicht-Muttersprachler die Möglichkeit zur leichten Orientierung in der insgesamt doch recht komplexen Materie der Varietäten.

Sofern aus Sicht der Nutzerinnen und Nutzer dieses Buches noch inhaltliche Lücken vorliegen oder wesentliche Aspekte einer anderen Gewichtung bedürfen, nimmt der Verfasser Ergänzungsvorschläge und Korrekturen gerne entgegen. Auch alle anderen Hinweise sind willkommen.

Einleitung: Was sind Varietäten?

Eine einheitliche Sprache aller Mitglieder einer Sprachgemeinschaft ist eine Fiktion. Sowohl zwischen Individuen als auch zwischen unterschiedlichen Gruppen differieren Sprachgebrauch und Sprachverständnis. Dies gilt für alle natürlichen Sprachen. Dennoch spricht man von *der* deutschen, *der* französischen, *der* englischen oder auch *der* russischen Sprache. Das ist Ausdruck dessen, dass es neben den erwähnten Unterschieden auch weit überwiegende Gemeinsamkeiten gibt, die eine Sprache charakterisieren und ausmachen. Von *einer* Sprache zu sprechen ist damit einerseits sinnvoll, andererseits aber auch eine (notwendige) Vereinfachung.

Auch wenn es also eine einheitliche Sprache nicht gibt, kann man sie dennoch konstruieren, und zwar in Form einer so genannten *Standardsprache*.[1] Nur vor dem Hintergrund des Konzeptes einer einheitlichen Sprache ist der Begriff der *Varietät* verständlich.

Das Wort *Varietät* leitet sich von lateinisch *varietas* „Mannigfaltigkeit, Verschiedenheit" ab und spiegelt damit die oben beschriebene Feststellung, dass eine Sprache in sich vielfältig ist. Dennoch bezeichnet *Varietät* nicht irgendwelche Unterschiede in einer Sprache, sondern vielmehr kohärente, also in sich geschlossene Formen dieser Sprache. Der – u.a. in der Tradition der sowjetischen Linguistik – statt *Varietät* alternativ gebrauchte Terminus *sprachliche Existenzform* zeigt deutlich, dass es sich um eine Realisierung einer Sprache und nicht um eine Abweichung handelt. In diesem Sinne ist auch die

[1] Vgl. dazu Kap. „Die Standardsprache".

Standardsprache eine Existenzform bzw. Varietät. Deshalb wird diese bisweilen auch als *Standardvarietät* bezeichnet.
Es stellt sich nun die Frage, welche Varietäten es überhaupt gibt. Varietäten können:

- geografisch bedingt sein,
- Stadien einer historischen Entwicklung widerspiegeln,
- aus der Zusammensetzung bzw. den Spezifika einer Gruppe von Sprachverwendern resultieren oder
- für situativen Kontext der Sprachverwendung bestimmt sein.

Man kann die hier genannten Variablen auch als *Parameter* der Variation bezeichnen.
Nicht linguistisch vorgebildeten Personen sind in der Regel geografisch bedingte Varietäten am bekanntesten, doch auch bei diesen Varietäten ist das Spektrum an Differenzierungen weit größer, als dies auf der Oberfläche wahrgenommen wird.
Die sprachgeografischen Varietäten betreffen die so genannte **diatopische** Variationsebene der Sprache. Hierzu gehören Dialekte und Regiolekte.
Bei den historischen Varietäten liegt eine **diachrone** Unterscheidung vor. Dabei geht es um die zeitliche Veränderung der Sprache, die sich in unterscheidbaren Formen ausprägt.
Geht es um Gruppensprachliches, so spricht man von der **diastratischen** Dimension der Variation. Gesellschaftliche Gruppen können durch ganz unterschiedliche Merkmale definiert werden, so durch den sozialen Status, das Geschlecht, das Alter, den Beruf, die Bildung usw. Zu den Gruppensprachen gehören beispielsweise die Fachsprachen, die Sondersprachen oder auch die Soziolekte. Gerade in diesem Bereich erweisen sich die Abgrenzung und Klassifizierung allerdings als besonders schwierig und umstritten. Denn beispielsweise ist oft mit einem Beruf auch die Zugehörigkeit zu einer sozialen Schicht verbunden.
Die situative Veränderung der Sprache schließlich heißt **dia-**

phasische Variation. Hierzu zählen die sprachlichen Register und Stilebenen.

Unabhängig von dieser Kategorisierung kann man auch noch verschiedene Bereiche identifizieren, in denen Variation stattfindet. Dies sind u.a. die folgenden:

- phonetische und phonologische Variation,
- grammatische und syntaktische Variation,
- lexikalische und phraseologische Variation,
- pragmatische Variation.

Über diese Dimensionen können Varietäten innerhalb einer der vier oben genannten Kategorien voneinander unterschieden werden, also beispielsweise verschiedene Dialekte oder verschiedene Stilebenen.

Es muss darauf hingewiesen werden, dass die Klassifizierung von Varietäten in der linguistischen Literatur je nach theoretischem Ansatz nach ganz unterschiedlichen Kriterien und auf verschiedenen Ebenen erfolgt, so dass sich kein einheitliches Bild ergibt.

Varietätenlinguistik – Ziele und Berührungspunkte

Die sprachwissenschaftliche Teildisziplin, die sich mit der Erforschung von Varietäten befasst, wird als Varietätenlinguistik bezeichnet. Ziele der Varietätenlinguistik sind u.a.:

- die Beschreibung von Varietäten,
- die Systematisierung von Varietäten,
- die Erklärung, wie und warum bestimmte Varietäten entstehen und verwendet werden,
- die kritische Reflexion theoretischer und praktischer Fragen im Zusammenhang mit der sprachlichen Variation.

Während die Varietätenlinguistik sich potenziell mit allen Varietäten befasst, gibt es auch andere linguistische Teildisziplinen, die sich nur mit speziellen Varietäten beschäftigen. Dies sind beispielsweise:

- die Dialektologie (befasst sich mit Dialekten),
- die Soziolinguistik (befasst sich mit Soziolekten),[2]
- die Sondersprachenforschung (befasst sich mit Sondersprachen),
- die historische Linguistik/Sprachgeschichte (befasst sich mit historischen Formen der Sprache),
- die Fachsprachenforschung (befasst sich mit Berufs- und Fachsprachen).

Diese Disziplinen können auch als Teile der Varietätenlinguistik verstanden werden. Daneben spielen Varietäten in nahezu allen anderen linguistischen Richtungen eine mehr oder minder wichtige Rolle. Hier seien nur einige Beispiele erläutert:

---

[2] Hier sei darauf hingewiesen, dass es auch Auffassungen gibt, die die Varietätenlinguistik als eine Teildisziplin der Soziolinguistik ansehen.

- Lexikografie: Die Erfassung und Untersuchung des Wortschatzes aus verschiedenen Varietäten gehören elementar zur Dokumentation und Erforschung der Lexik einer Sprache.
- Stilistik: Verschiedene Stilebenen und Register, d. h. die diaphasischen Unterschiede in der Sprache, sind für die Stilistik grundlegende Untersuchungsgebiete.
- Feministische Linguistik: Sie betrachtet u.a. die sprachlichen Unterschiede zwischen Männern und Frauen.
- Politolinguistik: Welche sprachlichen Register für die Vermittlung politischer Botschaften geeignet sind bzw. verwendet werden, ist ebenso eine Frage der Politolinguistik wie beispielsweise diejenige danach, welche Rolle Dialekte, Fachsprachen oder andere gruppenbezogene Varietäten für die Sprache in der Politik spielen.
- Theolinguistik: Dialekte und Soziolekte sind im Rahmen der Verkündigung wichtig; die verschiedenen Register von religiöser und profaner Sprache sind zentraler Untersuchungsgegenstand dieser Disziplin.
- Computerlinguistik: Bei der automatischen Sprachverarbeitung beispielsweise muss das Varietätenspektrum berücksichtigt werden.
- Forensische Linguistik: Die Beurteilung von Sprache nach Varietäten ist zentraler Bestandteil forensisch-linguistischer Analysen.

Insofern ist die Beschäftigung mit dem Thema „Varietäten“ eine linguistische Querschnittsaufgabe, die Einblicke in nahezu alle Bereiche der Sprache erfordert und ermöglicht. Doch auch über die Linguistik hinaus gibt es noch Berührungspunkte mit weiteren Wissenschaften bei der Betrachtung von Varietäten, wie beispielsweise:

- Soziologie (betrachtet u.a. soziale Gruppen, die wiederum jeweils eigene Varietäten besitzen können),
- Politologie (die o.g. politolinguistischen Fragestellungen sind naheliegenderweise auch für die politologische Diskussion relevant),
- Informatik (automatische Sprachverarbeitung),
- Geschichtswissenschaft (Beurteilung und Analyse historischer Quellen mit bestimmten Varietäten),
- Kulturwissenschaften (Formen der Identitätsstiftung, Ausprägungen von Höflichkeit, jeweils gebunden an sprachliche Varietäten).

Auf Grund dieser sehr weitreichenden wissenschaftlichen Relevanz von Varietäten erscheinen grundlegende Kenntnisse hierzu für den Gesamtzusammenhang der Linguistik unabdingbar.

Die Varietätenlinguistik und die oben genannten linguistischen Teildisziplinen, die sich mit bestimmten Varietäten befassen, sind Teil der empirischen Sprachwissenschaft. Das meint, dass diese Disziplinen immer rückgebunden sind an den tatsächlichen, d.h. empirisch erhebbaren Sprachgebrauch, also ohne präskriptiven/normativen Anspruch (wie beispielsweise häufig in der Lexikografie, der Grammatik, Syntax usw.) oder auch nicht mit theoretischem Erkenntnisschwerpunkt, wie beispielsweise in der Systemlinguistik oder in der Sprachphilosophie. Das bedeutet aber auch, dass die Varietätenlinguistik nur mit hinreichenden empirischen Daten (heute meist in Form elektronisch zusammengestellten und nutzbaren Sprachmaterials, den so genannten Korpora) zu belastbaren Erkenntnissen kommen kann.

Vertiefungsaufgaben:

1. Überlegen Sie, warum im Einzelfall für die Textlinguistik die Beschäftigung mit Varietäten sinnvoll ist. Geben Sie passende Beispiele.
2. Recherchieren Sie, inwiefern ethnolinguistische Ansätze auch für die Varietätenlinguistik relevant sein können.
3. Nennen Sie einige Anwendungsgebiete in der Fremdsprachendidaktik (speziell Deutsch als Fremdsprache), in denen Erkenntnisse aus der Varietätenlinguistik häufig genutzt werden.

Die Standardsprache

Der Standard einer Sprache ist aus der Sicht der normativen (präskriptiven) Linguistik die Leitlinie, an der sich der korrekte Sprachgebrauch orientieren soll. Die Standardsprache stellt damit aus dieser Perspektive die Norm dar. Dabei ist zu beachten, dass eine Standardsprache das Ergebnis einer Reflexion über Sprache und des Nachdenkens darüber ist, was richtig und was falsch ist bzw. sein soll. Darüber hinaus ist für das Konzept einer Standardsprache auch deren Akzeptanz relevant, die durch die Festsetzung durch eine Institution oder eine bestimmte, legitimiert erscheinende Gruppe gegeben sein kann.

Obgleich eine solche Norm mit dem realen Sprachgebrauch nur mehr oder minder übereinstimmt und man daher durchaus kontrovers über das Konzept einer Standardsprache diskutieren kann, so hat sie doch wichtige Funktionen:

Sie ist Leitlinie für Lexikografie, Grammatik, Syntax usw., aber auch für den Spracherwerb, sei es als Erst-, Zweit- oder Fremdsprache. Als Norm ermöglicht sie die häufig gewünschte Entscheidung, was richtig und was falsch ist. Zugleich ist die Standardsprache Fokus für Vereinheitlichungstendenzen innerhalb eines Sprachraumes, da sich an ihr ein Großteil der Sprachnutzer orientiert.

Die Standardsprache basiert historisch in der Regel auf einem Dialekt. Dies gilt auch für das Deutsche. Eine hochdeutsche Standardsprache entwickelte sich ab der frühneuhochdeutschen Epoche. In dieser Periode gab es mehrere Faktoren, die zu Vereinheitlichungstendenzen führten. Als wichtigste können auf technischer Seite die Papierproduktion und der

Buchdruck, auf gesellschaftlicher Ebene das Wachstum der Städte und die damit verbundene starke ökonomische Entwicklung und als kultur- und geistesgeschichtlicher Faktor die Reformation genannt werden.

Papierproduktion und Buchdruck verbreiteten die Schriftlichkeit in einem vorher ungekannten Maße. Aus mehreren Gründen waren Setzer, Buchdrucker und Verleger an einer schriftsprachlichen Norm interessiert: Sie vereinfachte die Buchproduktion und erschloss breitere Leserschichten, weil das Lesen (wie auch das Schreiben) von Büchern und anderen Druckwerken (z.B. so genannten Flugschriften) dadurch erleichtert wurde. Damit stellte eine mehr oder weniger einheitliche Schriftsprache einen ökonomischen Vorteil dar. Die Normen waren zunächst bei den einzelnen Verlegern individuell, dann aber auch in ganzen Schreibregionen verbreitet. Diese frühneuhochdeutsche Frühform der Standardisierung bezeichnet man auch als *Buchdruckernorm*.

Das Wachstum der Städte, die Zunahme des Fernhandels und die gesellschaftlich-ökonomische Differenzierung führten in der frühneuhochdeutschen Zeit zu neuen Notwendigkeiten für Lesen und Schreiben, zur Entstehung von Schulen, aber auch zur verstärkten Nachfrage nach Geschriebenem. All dies förderte die Normierung der Schriftsprache.

Die Reformation und insbesondere die Bibelübersetzung von Martin Luther fanden sehr weite Verbreitung und konnten so Vereinheitlichungsprozesse auslösen. Darüber hinaus führte die Reformation aber auch zur Entstehung einer großen Zahl volkssprachlicher Texte, die ebenfalls große Verbreitung fanden. Darüber hinaus beförderten Veränderungen im Bildungsbereich, in den Wissenschaften und im ökonomischen Bereich die Entwicklung hin zu einer sprachlichen Norm des Deutschen.

Nicht ohne Grund baut die Standardsprache heute im Wesentlichen auf der dialektalen Varietät des Ostmitteldeutschen auf. Dies ist gerade der dialektale Großraum, zu dem auch die Sprache Luthers gehörte. Der ostmitteldeutsche Raum war in jener Zeit aber auch ökonomisch und intellektuell aufstrebend (u.a. durch Universitätsgründungen). Überdies bietet sich das Mitteldeutsche durch seine zentrale Position zwischen Nieder- und Oberdeutsch ohnehin für die Durchsetzung eines allgemein akzeptierten Standards an.

In den folgenden Jahrhunderten führten insbesondere der Absolutismus mit seinen Zentralisierungsbestrebungen sowie die Entstehung eines staatlichen Schulwesens und die Einführung der Schulpflicht dazu, dass sprachliche Normen nicht nur entwickelt, sondern auch verbreitet und durchgesetzt wurden.

Im 19. Jahrhundert verstärkten sich die Bemühungen um eine kodifizierte Standardsprache, insbesondere auch vor dem Hintergrund der nationalen Bewegung und der Entstehung der Germanistik als einer wissenschaftlichen Disziplin. Mit der so genannten 2. Orthographischen Konferenz im Jahre 1901 wurde zumindest auf dem Gebiet der Rechtschreibung eine gemeinsame Norm für alle deutschsprachigen Staaten festgelegt.

Durch die föderale Geschichte des deutschen Sprachraumes, der überdies als Vollzentren[3] die drei Staaten Bundesrepublik Deutschland, Österreich und die Schweiz umfasst, gibt es für das Deutsche keine zentrale Institution, die die Standardsprache in allen Hinsichten normiert. Vielmehr sind hier mehrere Akteure involviert: So legt der „Rat für deutsche Rechtschreibung“ die Regeln für die Orthografie fest. Andere Normungsfragen werden insbesondere vom Institut für Deutsche Sprache (IDS) in Deutschland, in Österreich vom österreichischen Bildungsministerium und in der deutschsprachigen

[3] Zur Definition dieses Begriffes vgl. Kap. „Die großräumige Gliederung des deutschen Sprachraumes“.

Schweiz vom Schweizerischen Verein für die deutsche Sprache behandelt. Hinsichtlich des Wortschatzes haben auch große Wörterbücher wie der Duden oder das Österreichische Wörterbuch großen normativen Einfluss.

Vertiefungsaufgaben:

1. Überlegen Sie, wie und warum sich Prestige und Verwendungsbereiche von Standardsprache und Dialekten unterscheiden.
2. Wählen Sie eine andere Sprache aus und vergleichen Sie die Entstehung einer Standardsprache dort mit der Entwicklung im Deutschen.
3. Nennen Sie Argumente dafür, dass die Standardsprache ein konstruiertes Ideal ist, und zeigen Sie an einigen Beispielen, wo die alltägliche Sprachpraxis von der Standardsprache abweicht.

Varietätenlinguistische Modelle

Da die systematische Beschäftigung mit Varietäten – sieht man von Teilbereichen wie der Untersuchung von Dialekten ab – historisch gesehen eine relativ junge, aber auch sehr komplexe sprachwissenschaftliche Disziplin ist, gibt es hier zahlreiche konkurrierende Modelle, wie die Thematik der Varietäten zu fassen ist.
Dem Begriff der Varietät entsprechend, fußen die verschiedenen Modelle in der Regel auf einer Ausgangsvarietät, nämlich je nach Ansatz und Benennung auf der Gemeinsprache, der Alltagssprache oder der Standardsprache.
Angesichts der Vielzahl unterschiedlicher Modelle und Zugangsweisen sollen hier nur drei Ansätze kurz vorgestellt werden:
Im Jahre 1960 befasste sich der Sprachwissenschaftler Hugo Moser mit der Frage, was unter Umgangssprache zu verstehen ist, und insbesondere damit, welche Formen sie besitzen kann. Um die Umgangssprache zu definieren und im sprachlichen Gefüge zu verorten, nahm er eine Schichtung der Sprache, d.h. der Varietäten vor, und zwar auf vier Ebenen:

- sozial-vertikal, d.h. bezogen auf die gesellschaftlichen Schichten,
- räumlich-horizontal, d.h. bezogen auf die territoriale Verbreitung,
- stilistisch, d.h. hinsichtlich der Stilebene,
- gruppen- und sondersprachlich.

Das nachfolgende Schaubild verdeutlicht die von Moser vorgenommene Differenzierung.

A. Sozial-vertikale Schichtung	I. Volkssprache = *Grundsprache*	II. Zwischenschicht Umgangssprache: *Erhöhte Volkssprache* *Gesunkene Hochsprache* (Halbmundart)	III. Hochsprache *Schrift- (hist. auch Schreib-)sprache, Hochlautung;* *beides: Einheitssprache*
B. Räumlich-horizontale Schichtung	Mundarten: *Klein- und Großmundarten*	Umgangssprachen (hist. auch Verkehrssprachen): *örtliche klein- und großlandschaftliche Umgangssprachen, überlandschaftliche dt. Umgangssprache*	Gemeinsprache (hist. auch landschaftliche Hochsprachen, Schreibidiome, Schreibsprachen)
C. Stilistische Stufen	Gehobene Mundart Alltagsmundart Gossenmundart	Gehobene Umgangssprache Alltags-(umgangs-)sprache Slang Gaunersprache	Gehobene Hochsprache Durchschnittshochsprache
D. Gruppen- und Sonderformen	Fachsprachen a. Berufsfachsprachen: *Handwerker aller Art, Bauern, Weingärtner, Schäfer, Hirten, Fischer, Jäger, Kaufleute, Juristen usw.* b. Wissenschaftliche Fachsprachen: *Fachwissenschaft, Technik*		
	Sondersprachen a. erhöhte Sondersprachen: *Religion, Dichtung, Politik* b. Standardsprachen (Klassensprachen) c. Spiel und Sport d. Jargon e. Verhüllende Sondersprachen: *Rotwelsch, Zigeunerisch*		

Abb. 1: System der Varietäten nach Moser (1960), überarbeitet entnommen aus Sinner: Varietätenlinguistik, S. 40

Ein Nachteil der von Moser vorgenommenen Kategorisierung besteht jedoch darin, dass diese statisch ist und damit keine Entwicklungen vorsieht bzw. erklärt. Damit bleibt die historische Dimension weitgehend unberücksichtigt. Auch die gegenseitige Beeinflussung von Varietäten kann hier nicht nachvollzogen werden. Daher gab es in der Nachfolge zahlreiche andere Modelle, die auf andere Aspekte der Varietäten fokussierten.

Eines der bekanntesten Modelle ist das von Heinrich Löffler erstmals 1985 präsentierte Sprachwirklichkeitenmodell, das darstellt, wie verschiedene Einflussfaktoren die sprachliche Realität beeinflussen, und zwar individuell in ganz unterschiedlichem Maße. Die folgende Abbildung verdeutlicht die Idee des Modells:

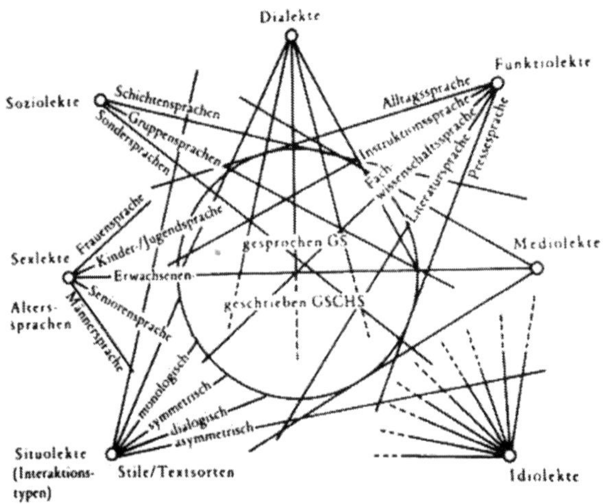

Abb. 2: Soziolinguistisches Varietäten-Modell[4] nach Löffler: Germanistische Soziolinguistik (1994), S. 86

Das Schaubild zeigt, welche Einflussfaktoren berücksichtigt werden müssen, wenn man beispielsweise die Gemeinsprache in den Mittelpunkt der Betrachtung stellt. Doch auch, wenn man einzelne andere Varietäten analysiert, sind dabei zahlreiche Einflüsse und Querverbindungen relevant.

Löffler kategorisiert dabei in folgender Weise nach sieben Kriterien:

Kriterium	**Varietäten**
Areale Verbreitung	Dialekte
Funktion	Funktiolekte
Medium	Mediolekte
eigene sprachliche Merkmale	Idiolekte
Situation	Situolekte, Stile
Geschlecht und Alter	Sex(o)lekte, altersspezifische Varietäten
soziale Gruppe	Soziolekte

[4] GSCHS = geschriebene Sprache, GS = gesprochene Sprache.

Auch das Löfflersche Modell bleibt auf eine synchrone Perspektive begrenzt (speziell im Hinblick auf die Gegenwartssprache). Zwar berücksichtigt es über die jeweils dargestellten Einflüsse indirekt auch Veränderungsprozesse, nicht jedoch eine langfristige, d.h. historische Entwicklung.
Ein weiteres, ebenfalls auf die synchrone Sicht konzentriertes Modell schließlich stammt von Norbert Dittmar, der 1997 eine sechsteilige Gliederung nach z.T. anderen Ordnungsdimensionen vornimmt. Da bereits Löffler darauf hinwies, dass die Systematisierung und Klassifizierung von Varietäten standpunktabhängig seien, soll diese Gliederung hier ebenfalls kurz dargestellt werden:

Dimension	**Merkmal**	**Varietäten**
Person	individuelle Identität	Idiolekte
Raum	lokale, regionale, überregionale Identität	Dialekte, Stadtmundarten (Urbanolekte), Regiolekte, Umgangssprache
Gruppe	Wertekonflikt (gut – schlecht, prestigeträchtig – stigmatisiert)	Soziolekte, altersspezifische Varietäten, Sexlekte, Sondersprachen im engeren Sinne
Kodifizierung	normative Korrektheit	Standardvarietät, standardnahe Umgangssprache (mündlich + schriftlich)
Situation	Kontextwissen, Musterwissen	Stile, Register
Kontakt	(politische, militärische, wirtschaftliche, kulturelle) Macht	Pidginsprachen, Kreolsprachen

Wesentliches Element dieser Gliederung sind die charakteristischen Merkmale, die die Unterscheidung über die Ordnungsdimensionen konkretisieren. Da sich Dittmars Gliederung im Wesentlichen auf die gesprochene Sprache bezieht, bleibt die historische Dimension hier unberücksichtigt. Es ist aber unzweifelhaft, dass auch mit Blick auf die Entwicklung der Sprache Varietäten unterschieden werden können.

Vertiefungsaufgaben:

1. Ein einflussreiches Modell, das sich mit der Differenzierung von Sprache und Dialekt befasst, stammt von dem Romanisten Eugenio Coseriu und wurde von ihm in den 1950er Jahren entwickelt. Recherchieren Sie selbstständig, wie hierbei zwischen Dialekt und Sprache unterschieden wird.
2. Ermitteln Sie, welches Varietätenmodell Gaetano Berruto in den 1980er Jahren entwickelt hat, und vergleichen Sie dieses mit dem Modell nach Löffler.
3. Erörtern Sie, warum Varietätenmodelle und die Diskussion über sie wichtig sind, und überlegen Sie, warum es bei diesen Kategorisierungen immer zu Unschärfen kommt. Nennen Sie entsprechende Beispiele.

Gesprochene Sprache – geschriebene Sprache

Die Standardsprache stellt eine Norm dar, die sich primär an der Schriftsprache orientiert. Dabei geht es jedoch nicht um die Ausrichtung an einer beliebigen Form geschriebener Sprache, sondern im Wesentlichen um die Orientierung an der so genannten *Literatursprache*. Diese ist eine literarisch überformte Schriftsprache, die sich von der so genannten Alltagsschriftsprache beispielsweise durch eine besondere Sprachreflexion und einen gewählten und sorgfältigen Sprachgebrauch unterscheidet.

Selbst wenn es der Anspruch der Standardvarietät ist, ebenfalls für die gesprochene Sprache zu gelten, so ist es doch unbestreitbar, dass die gesprochene Sprache eigene Merkmale besitzt und sich signifikant von der geschriebenen Sprache (und insbesondere von der Literatursprache) unterscheidet. Lange Zeit hat sich die Sprachwissenschaft schwerpunktmäßig mit der Schriftsprache befasst, während die mündliche Kommunikation kaum Berücksichtigung fand. Die Ursachen hierfür waren zwar nicht zuletzt auch technischer Natur (mangelnde Möglichkeiten zur Konservierung von mündlichen Äußerungen – außer schriftlicher Notation). Die geringe Berücksichtigung der Mündlichkeit spiegelt jedoch auch den geringeren Status wider, den man dem Mündlichen meist zuschrieb.

Heute ist allgemein anerkannt, dass die gesprochene im Vergleich mit der geschriebenen Sprache durchaus abweichenden Regeln und Routinen folgt.

Zu den Merkmalen der gesprochenen Sprache (kontrastiv zur geschriebenen Sprache bzw. zur schriftsprachlichen Norm) gehören insbesondere:

- reduzierter Wortschatz,
- häufiger Gebrauch von Abtönungspartikeln,
- Bildung von Okkasionalismen,
- Wiederholungen,
- syntaktische Fehler (Konstruktionsbrüche) und Auslassungen (Ellipsen),
- Vorherrschen von parataktischen Konstruktionen,
- geringe Satzlänge,
- Kombination von verbalen mit nonverbalen Ausdrucksmitteln,
- phonetische Vereinfachungen: Enklise, Proklise, Wegfall unbetonter Nebensilben,
- sprachliche Reaktion auf nicht-sprachliche Kontexte ohne deren Explizierung,
- häufig nicht lineare, sondern sprunghafte inhaltliche Gliederung.

Verbunden sind diese Merkmale mit typischen gesprochensprachlichen Textsorten (z.B. Gespräch unter Bekannten, Telefongespräch, Beratungsgespräch beim Arzt). Demgegenüber gibt es auch Textsorten, die an die Schriftlichkeit gebunden sind, wie beispielsweise Brief, Denkmalinschrift, Flugblatt etc.

Allerdings muss man unterscheiden zwischen konzeptioneller Mündlichkeit und konzeptioneller Schriftlichkeit. Das bedeutet insbesondere, dass mündliche Texte durchaus schriftlich konzipiert sein können und damit eher den Merkmalen der Schriftlichkeit unterliegen. Dies gilt beispielsweise für eine schriftlich vorbereitete Rede, für das Vorlesen eines Buches, für die Nachrichtentexte in Rundfunk und Fernsehen, für einen wissenschaftlichen Vortrag usw.

Texte der konzeptionellen Mündlichkeit sind im Vergleich zu Texten der konzeptionellen Schriftlichkeit u.a.:

- weniger komplex,
- weniger ausgearbeitet (elaboriert),

- weniger stark linear strukturiert,
- weniger orientiert an sprachlichen Nomen (Grammatik, Syntax etc.),
- eher integrativ,
- eher subjektiv-emotional geprägt,
- weniger strategisch geplant, d.h. spontaner,
- weniger dicht an Informationen,
- stärker individuell bzw. gruppenspezifisch,
- potenziell stärker dialektal bzw. regiolektal geprägt.

Ebenso wie es gesprochene Sprache bzw. mündliche Texte gibt, die der konzeptionellen Schriftlichkeit zugehören, gibt es auch vereinzelt schriftliche Texte, die konzeptionelle Mündlichkeit aufweisen bzw. imitieren. Dies sind beispielsweise Texte in Boulevardzeitungen oder manche Textsorten in den so genannten Neuen Medien, beispielsweise Chats oder Kommentare in Internet-Foren bzw. in sozialen Netzwerken.

In der varietätenlinguistischen Forschung wird diskutiert, ob geschriebene und gesprochene Sprache überhaupt auf demselben System fußen. Unzweifelhaft gelten für Mündlichkeit und Schriftlichkeit in bestimmten Bereichen unterschiedliche Normen, die mit der Spezifik der beiden Formen von Sprache verbunden sind. So ist es beispielsweise selbstverständlich, dass Normen der Rechtschreibung und Zeichensetzung für die Mündlichkeit keinerlei Relevanz besitzen. Auch in der Realisierung der Grammatik unterscheiden sich Schriftlichkeit und Mündlichkeit.

Betrachtet man die Entwicklung der Schriftlichkeit historisch, so zeigt sich, dass die ursprünglichen Formen von Schriftlichkeit immer sehr nah an die Mündlichkeit zurückgebunden waren. Die schriftliche Sprache hat aber im Laufe der Zeit eine Eigenentwicklung vollzogen, deren Ursachen in den Eigenschaften des Geschriebenen liegen und die damit auch für die oben genannten Unterschiede zur gesprochenen Sprache verantwortlich sind:

- Für die geschriebene Sprache spielen andere außersprachliche Elemente (Schriftart, Schriftgröße, Farben, Bilder, Beschreibstoffe etc.) eine Rolle als für die gesprochene Sprache.
- Kontexte müssen in der geschriebenen Sprache stärker expliziert werden als in der gesprochenen Sprache.
- Die geschriebene Sprache besitzt eine Permanenz, die je nach Textsorte auf einen kleineren oder größeren Zeithorizont zielt (wie die Beispiele Einkaufszettel versus Denkmalinschrift zeigen), während die gesprochene Sprache, sofern sie nicht aufgezeichnet wird, auf die Gegenwart zielt und vergänglich ist.
- Die geschriebene Sprache kann mehrfach geändert und korrigiert werden, das Gesprochene nur im Nachfeld mit Änderungen oder Korrekturen versehen werden.
- Die geschriebene Sprache kann anders als das (nicht aufgenommene) Gesprochene mehrfach rezipiert (gelesen) werden; damit ist sie in der Lage, eine höhere inhaltliche und formale Komplexität zu transportieren.
- Durch ihre Permanenz und die Möglichkeit zur Korrektur unterliegt die geschriebene Sprache einem höheren Anspruch an ihre Korrektheit (Orientierung an einer festen Norm).
- Anders als die geschriebene Sprache ist die gesprochene Sprache wesentlich stärker auf die direkte Interaktion orientiert.

Insgesamt können gesprochene und geschriebene Sprache als zwei eigenständige Varietäten angesehen werden, wobei – wie oben im Zusammenhang mit konzeptioneller Schriftlichkeit und konzeptioneller Mündlichkeit bereits erwähnt – vielfach deutliche gegenseitige Beeinflussungen existieren.

Vertiefungsaufgaben:

1. Überlegen Sie, welche Schwierigkeiten die schriftliche Aufzeichnung von mündlichen Äußerungen aufweist.
2. Warum ist die Maxime „Schreib, wie Du sprichst" in der Regel nicht sinnvoll?
3. Erörtern Sie, an welchen Merkmalen man schriftliche Texte der konzeptionellen Mündlichkeit bzw. mündliche Texte der konzeptionellen Schriftlichkeit erkennen kann.

Stile und Register

Abhängig von Verwendungssituationen und -kontexten existieren diaphasische Varietäten. Hierbei handelt es sich um *Stile (Stilebenen)* oder auch *Register*, die sowohl für die geschriebene wie auch für die gesprochene Sprache existieren. Allerdings gibt es für die Mündlichkeit ein anderes Spektrum an Stilen als für die Schriftlichkeit. Mit den Spezifika von Stilen und Registern befasst sich die *Stilistik*.
Bei einem *Register* handelt es sich um eine für einen bestimmten Kommunikationskontext charakteristische Form des Schreibens oder Sprechens. Das heißt insbesondere, dass ein Register eine gewisse Funktion innerhalb der Kommunikation besitzt. Beispielsweise kommuniziert eine Erzieherin in unterschiedlichen Registern mit Kindern, deren Eltern oder mit ihrer Vorgesetzten.
Unter *Stil* versteht man den charakteristischen Sprachgebrauch eines (mündlichen oder schriftlichen) Textes, der sich vor allem durch die Lexik (Wortwahl, Vorherrschen von Nomina oder Verben u.a.), Phraseologie, typische Syntax (Satzlänge, Parataxe, Hypotaxe, Passiv- oder Aktivkonstruktionen usw.), spezielle Pragmatik (indirektes Sprechen, unpersönliche Formulierungen etc.) zeigt.
Das Register ist also primär bezogen auf die Situation der Kommunikation, der Stil auf die Gestaltung der Kommunikation/Äußerung. Eine eindeutige Abgrenzung von Stil und Register ist nicht möglich. Vielmehr handelt es sich um verschiedene Perspektiven auf die kommunikationssituationsbezogenen Spezifika eines Textes.
Vielfach gibt es für verschiedene Textsorten typische Formen des Stils bzw. des Registergebrauches.

Typische Registerdifferenzierungen sind diejenigen zwischen formell und informell, wobei hier situationsbezogen Abstufungen möglich sind.
Typische Stile sind beispielsweise:

- gehobener Stil,
- poetischer Stil,
- vulgärer Stil,
- jovialer Stil,
- Kanzleistil,
- Bibelstil.

Im Rahmen der Stilanalyse lassen sich die Spezifika von Texten ermitteln. Hierzu gehört beispielsweise die Identifizierung von rhetorischen Mitteln wie Stilfiguren, aber auch von Besonderheiten in der Wortwahl (Fremdwörter, Neologismen, Archaismen etc.).
Die Funktionalstilistik definiert verschiedene Anwendungsbereiche von Stilen. Meist wird hier unterschieden zwischen folgenden *Funktionalstilen* (auch *Bereichsstile* genannt):

- Stil des Privatverkehrs (private [Alltags-]Kommunikation),
- Stil des öffentlichen Verkehrs (Kommunikation im öffentlichen Raum, in offiziellen Kontexten),
- Stil der Presse und Publizistik (im weiteren Sinne Stil der Medien),
- Stil der Wissenschaft,
- Stil der Belletristik.

Dass es sich hierbei um starke Vereinfachungen handelt, liegt auf der Hand.

Vertiefungsaufgaben:

1. Auch Stile können historischen Veränderungen unterworfen sein. Geben Sie passende Beispiele.
2. Problematisieren Sie den Funktionalstil der Presse und

Publizistik, beispielsweise durch die Analyse der sprachlichen Spezifika von Texten aus einer Zeitung oder Zeitschrift.

3. Begründen Sie, warum die Definition von allgemeingültigen Stilen bzw. Registern schwierig ist. Erläutern Sie dies an angemessenen Beispielen aus dem Alltag.

Das Konzept der Funktiolekte

Analog zur Stilistik, die im Rahmen der so genannten Funktionalstilistik Stile nach ihren Anwendungsgebieten und ihren Funktionen unterscheidet, gibt es auch in der Varietätenlinguistik ein ähnliches Konzept, das der *Funktiolekte*.
Man unterscheidet z.B. folgende Funktiolekte:

- Alltagssprache,
- Behördensprache,
- Dichtersprache (Poetolekt),
- Instruktionssprache,
- Pressesprache,
- religiöse Sprache (Hagiolekt),
- Unterrichtssprache,
- Werbesprache,
- Wissenschaftssprache.

Im Vordergrund stehen bei der Identifizierung einzelner Funktiolekte deren kommunikative Funktionen innerhalb eines Kommunikationskontextes und deren Unterscheidbarkeit gegenüber den Spezifika anderer Kommunikationsumgebungen und -bedürfnisse. So erfüllt beispielsweise die Behördensprache die kommunikativen Anforderungen des behördlichen Kontextes. Die Dichtersprache hingegen besitzt den Kontext Literatur/Dichtung und darin eine literarisch-poetische Funktion.
Die Einordnung als Funktiolekt dient der Bestimmung von Varietäten durch die Eingrenzung auf bestimmte Zwecke und Kontexte. Ziel ist es dabei, mit dem Kriterium „Funktion“ einen einheitlichen Maßstab zur Differenzierung von Varietäten zu haben.

Charakterisiert werden Funktiolekte durch ihre spezifischen sprachlichen Mittel, die dazu dienen, die Ziele (Aufgaben) des jeweiligen Funktiolektes zu erfüllen. Somit resultieren sie sowohl aus dem jeweiligen Kommunikationskontext als auch aus den intendierten Funktionen der Sprache in diesem Kontext. Dies bedeutet insbesondere, dass für Funktiolekte auch bestimmte Textsorten typisch sind. Im Falle der Werbesprache wären dies beispielsweise Werbeanzeigen, Spots in Rundfunk und Fernsehen oder auch Werbebriefe.
Unter Berücksichtigung der jeweiligen kommunikativen Umgebungsbedingungen und Funktionen lassen sich weitere Funktiolekte analog definieren.

Vertiefungsaufgaben:

1. Stellen Sie typische Textsorten der Pressesprache zusammen und nennen Sie deren charakteristische sprachliche Merkmale.
2. Überlegen Sie, welche kommunikativen Rahmenbedingungen die Behördensprache prägen.
3. Welche Funktiolekte könnten beispielsweise in einem Krankenhaus vorkommen? Charakterisieren Sie sie!

Die großräumige Gliederung des deutschen Sprachraumes

Wenn von der deutschen Sprache die Rede ist, wird gemeinhin das Hochdeutsche gemeint. In der Regel geht es dabei sogar nur um die so genannte *hochdeutsche Standardsprache.* Wie bereits festgestellt, ist die Standardsprache aber ein Konstrukt, das zumindest in der mündlichen Kommunikation häufig nur eingeschränkt oder gar nicht verwendet wird.

Der deutschsprachige Raum kann dialektgeografisch in drei Großräume gegliedert werden:

- Niederdeutsch – das eine eigenständige Sprache darstellt,
- Mitteldeutsch und
- Oberdeutsch.

Mitteldeutsch und Oberdeutsch bilden zusammen das Hochdeutsche.

Auf der folgenden Karte werden die historischen Sprachgrenzen zwischen diesen Räumen dargestellt:

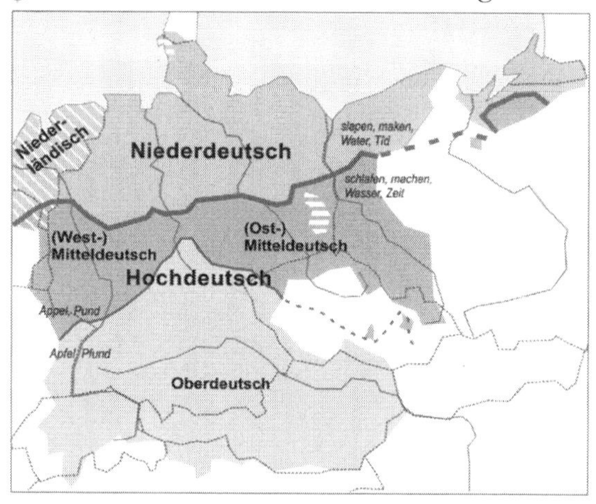

Abb. 3: Schematische Darstellung der historischen Verbreitung von Nieder-, Mittel- und Oberdeutsch (Quelle: https://dibs.badw.de/dialekte-schwabens.html)

Neben dieser dialektologisch begründeten Gliederung werden in der Lexikografie auch noch in anderer Weise großräumige Zuordnungen vorgenommen, die sich an allgemeingeografischen Begriffen orientieren. So finden sich beispielsweise im „Deutschen Universalwörterbuch“ aus dem Dudenverlag u.a. die folgenden territorialen Zuschreibungen:
norddeutsch, nordwestdeutsch, nordostdeutsch, ostdeutsch, süddeutsch, südwestdeutsch, westdeutsch.
Derartige Zuschreibungen wie *süddeutsch* oder *westdeutsch* sind allerdings recht unscharf. Für die Lexikografie hat das Fehlen konkreter Grenzen jedoch den Vorteil, dass auf diese Weise viele Formen in eine große Kategorie zusammengefasst werden können.
Eine weitere Gliederungsmöglichkeit orientiert sich an administrativen Kriterien, speziell an Staatsgrenzen. Das Konzept von Deutsch als plurizentrischer (polyzentrischer) Sprache fokussiert vor allem auf die Standardvarietäten in den einzelnen Zentren. Dabei wird zwischen Voll-, Halb- und Viertelzentren unterschieden:
Vollzentren sind solche Länder/Staaten, in denen die Sprache mit ihren Spezifika in Wörterbüchern (und anderen Nachschlagewerken) kodifiziert und amtlich autorisiert ist. Dies gilt für das Deutsche in Deutschland, Österreich und der Schweiz. In den so genannten *Halbzentren* ist Deutsch zwar Amtssprache (ggf. eine von mehreren), es gibt dort aber keine amtliche Kodifizierung der dort gesprochenen deutschen Sprache und ihrer Besonderheiten. Dies gilt für die Deutschsprachige Gemeinschaft in Belgien, für Liechtenstein, Luxemburg und Südtirol. In *Viertelzentren* schließlich ist Deutsch zwar gebräuchlich, aber weder Amtssprache noch in seinen Besonderheiten kodifiziert. Dies trifft z.B. auf Siebenbürgen, das Elsass oder Namibia zu.
Nach dieser Einteilung kann man also z.B. im Falle der

Vollzentren von *österreichischem Deutsch* oder von *Schweizerdeutsch* sprechen.
Insgesamt zeigt sich also, dass es verschiedene großräumige Gliederungen des Deutschen auf durchaus unterschiedlichen Ebenen gibt und dass eine Orientierung allein an dialektalen Merkmalen die Vielfalt nicht hinreichend erfassen kann.
Dabei ist zu berücksichtigen, dass bei allen hier vorgestellten großräumigen Gliederungen die sprachgeografischen Grenzen teilweise fließend sind. So orientiert sich dialektgeografische Einteilung nur an bestimmten Sprachgrenzen (*Isoglossen* genannt). Bei der Grenze zwischen Hoch- und Niederdeutschem ist dies die *maken-machen*-Linie (so genannte *Benrather Linie*). Eine derartig strikte Abgrenzung stellt aber eine starke Vereinfachung dar, die die sprachliche Realität nur bedingt widerspiegelt. Der Übergang vom Hoch- zum Niederdeutschen ist nämlich durch ein so genanntes *Varietätenkontinuum* bestimmt. Dies betrifft sogar die Abgrenzung von vermeintlich klar abgegrenzten Sprachen: zwischen Deutsch und Niederländisch (Westmitteldeutsch – Niederländisch/Limburgisch) oder Niederdeutsch und Niederländisch. Überdies unterliegen derartige Sprachgrenzen auch einem historischen Wandel, so dass sich territorial im Laufe der Zeit Veränderungen ergeben können.
Selbst die Differenzierung nach staatlichen Varietäten bietet Raum für Übergänge: Betrachtet man allein den Bereich der Lexik, so kann beispielsweise bestimmtes Wortgut in Österreich und der Schweiz üblich sein, in der Bundesrepublik Deutschland jedoch nicht. Andere Lexik ist in Deutschland und Österreich, nicht jedoch in der Schweiz verbreitet usw. In Grenzgebieten vermischen sich bisweilen die staatlichen Varietäten.
Als Fazit kann man festhalten, dass die verschiedenen großräumigen Abgrenzungen also lediglich eine mehr oder minder genaue Orientierung bieten.

Vertiefungsaufgaben:

1. Wodurch sind die sprachlichen Unterschiede zwischen Deutschland, Österreich und der Schweiz zu erklären? Nennen Sie verschiedene Ursachen!
2. Recherchieren Sie, welche Spezifika die deutsche Sprache beispielsweise in Belgien oder in Namibia aufweist.
3. Erörtern Sie, was die räumlichen Varietäten mit Identitätsstiftung zu tun haben.

Dialekte und Regiolekte

Um sich der dialektalen bzw. regiolektalen Gliederung des deutschen Sprachraumes nähern zu können, ist es zunächst notwendig, die beiden grundlegenden Begriffe genauer zu bestimmen.

Der Terminus *Dialekt* stammt aus dem Griechischen. Aus griechisch *diálektos* „Redeweise“ wurde das Wort über das Lateinische ins Deutsche entlehnt. Der Begriff *Regiolekt* ist eine moderne Neuprägung in Analogie zu *Dialekt*. Das erste Glied des Kompositums soll mit lat. *regio* (u.a. „Gegend, Gebiet, Landschaft“) im Kontrast zu Dialekt auf einen größeren Verbreitungsraum hinweisen.

Als *Dialekt* bezeichnet man eine sprachliche Varietät, die:

- territorial (lokal oder regional) begrenzt ist,
- sich in verschiedenen sprachlichen Hinsichten (Lexik, Syntax, Morphologie, Phonologie, Pragmatik usw.) von der Standardsprache (sofern eine solche existiert) und anderen territorial beschränkten Varietäten unterscheidet,
- mit anderen Varietäten eine gewisse Ähnlichkeit und damit zumindest teilweise eine gegenseitige Verständlichkeit aufweist,
- keine Standardisierung bezüglich der Schriftlichkeit oder gar keine Schriftlichkeit besitzt.

Trotz dieser vermeintlich klaren Kriterien ist die Abgrenzung von Sprache und Dialekt nicht unumstritten. Denn beispielsweise im Falle von Sprachen indigener Völker treffen die oben genannten Merkmale oftmals ebenfalls zu, ohne dass man diese als Dialekt bezeichnen würde. Andererseits wurden in der historischen Sprachwissenschaft Sprachen wie Gotisch,

Burgundisch, Alemannisch usw. als *germanische Dialekte* bezeichnet.

Die aufgeführten Kriterien können daher nur als Orientierung, nicht jedoch als letztverbindliche Definition gelten, zumal für die Differenzierung von Sprache und Dialekt auch außersprachliche Faktoren eine Rolle spielen:

Die Unterscheidung kann insbesondere eine politische Dimension besitzen. Dies kann man sehr gut bei der Entscheidung erkennen, ob Letzeburgisch (auch Luxemburgisch, Lëtzebuergesch) eine eigenständige Sprache oder vielmehr ein deutscher Dialekt (eine Form des Moselfränkischen) ist.[5] Der politische Einfluss auf die Festsetzung einer Sprache wird gut in der Feststellung deutlich, „Eine Sprache ist ein Dialekt mit einer Armee und einer Flotte.“, die dem Sprachwissenschaftler Max Weinreich (1894-1969) zugeschrieben wird.

Im 17. Jahrhundert wurde das Wort *Dialekt* als *Mundart* verdeutscht. In der Regel werden *Dialekt* und *Mundart* synonym verwendet. Im wissenschaftlichen Kontext gebraucht man heute überwiegend den Begriff *Dialekt.* Die sprachwissenschaftliche Disziplin, die sich mit der Beschreibung und Untersuchung von Dialekten befasst, heißt *Dialektologie.*

Der Begriff *Regiolekt* bezeichnet eine großräumige, standardnahe Varietät, die ihre Spezifik durch die Rückbindung an die in der betreffenden Region gesprochenen Dialekte besitzt. Dies bedeutet, dass in den Regiolekten typische Elemente aus den betreffenden Dialekten auftreten. Da Regiolekte sich areal über mehrere lokale Dialekte legen, erfolgt hier ein Ausgleich zwischen den unterschiedlichen Dialektformen. Statt von *Regiolekt* wird daher bisweilen auch von *regionaler Umgangssprache* oder von *Regionalsprache* gesprochen. Betrachtet man das Verhältnis von Dialekt und Standardsprache, so kann ein

[5] Analoge Fragen gibt es auch außerhalb des deutschen Sprachraumes, genannt sei nur das Beispiel von Mazedonisch/Bulgarisch.

Regiolekt als eine Zwischenstufe bezeichnet werden.
Nach dieser begrifflichen Klärung kann man nun die Frage betrachten, welche Dialekte und Regiolekte im deutschsprachigen Raum existieren (bzw. existierten). Da das Aufzählen aller lokalen Dialekte hier unmöglich ist, sollen an dieser Stelle zunächst die größeren Gruppen genannt werden:
Oberdeutsch:

- Alemannisch (auch Westoberdeutsch)
- Bairisch (auch Ostoberdeutsch)
- Ostfränkisch
- Südfränkisch

Mitteldeutsch:

- Westmitteldeutsch
- Ostmitteldeutsch

Niederdeutsch:

- Niederfränkisch
- Westniederdeutsch
- Ostniederdeutsch

Diese großräumigen Dialekte lassen sich oftmals weiter untergliedern.[6] Hier seien die wichtigsten Untergruppen genannt und im Einzelfall bekannte Dialekte namentlich erwähnt:
Alemannisch:

- Höchstalemannisch (dazu gehört u.a. Walserisch)
- Hochalemannisch
- Niederalemannisch (u.a. Elsässisch)
- Schwäbisch

Bairisch:

- Südbairisch (u.a. Tirolisch)
- Mittelbairisch (u.a. Salzburgisch)

[6] Die im Folgenden nicht weiter untergliederten Dialekträume Ostfränkisch, Südfränkisch und Niederfränkisch sind in sich ebenfalls noch weiter differenziert, z.T. jedoch recht kleinräumig. Das Niederfränkische umfasst auch die niederländischen Dialekte.

- Nordbairisch

Westmitteldeutsch:

- Rheinfränkisch (u.a. Pfälzisch, Hessisch)
- Mittelfränkisch (u.a. Ripuarisch, Moselfränkisch, Luxemburgisch)

Ostmitteldeutsch:

- Thüringisch (u.a. Vogtländisch)
- Obersächsisch (u.a. Erzgebirgisch)
- Schlesisch

Westniederdeutsch:

- Westfälisch
- Ostfälisch
- Nordniedersächsisch

Ostniederdeutsch:

- Brandenburgisch (Süd-, Mittel- und Nordmärkisch)
- Mecklenburgisch-Vorpommersch

Darüber hinaus gibt es noch zahlreiche historische Dialekte, die auf Grund der Folgen des Zweiten Weltkrieges untergegangen oder nur noch in marginalen Resten vorhanden sind. Dazu gehören im oberdeutschen Raum:

- Südmährisch
- Südböhmisch

Zum (ost-)mitteldeutschen Sprachraum zählen:

- Nordwestböhmisch
- Nordböhmisch
- Nordmährisch
- Gebirgsschlesisch
- Neiderländisch
- Hochpreußisch

Im Falle des Niederdeutschen können als historisch bezeichnet werden:

- Ostpommersch
- Niederpreußisch

Da die Bezeichnungen der einzelnen Dialekte in der dialektologischen Literatur keineswegs einheitlich sind, gibt es bisweilen mehrere Bezeichnungen für denselben Dialekt bzw. dieselbe Dialektgruppe. So werden z.B. die Brandenburgischen Dialekte oft auch als Märkische Dialekte bezeichnet.

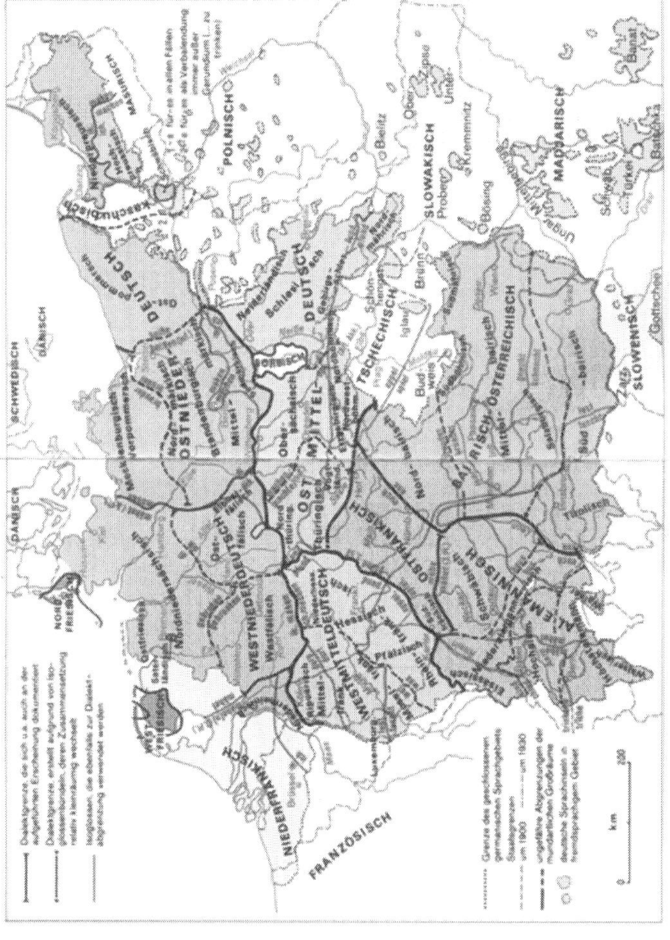

Abb. 4: Dialektkarte mit historischer Verbreitung (um 1900) (Quelle: König: dtv-Atlas zur deutschen Sprache, S. 230f.)

Die regiolektale Gliederung des Deutschen lehnt sich an die dialektale an und orientiert sich in vielen Fällen an den dialektalen Großräumen. Allerdings spielen bei der Identifizierung von Regiolekten noch weitere Faktoren eine Rolle. Dies sind u.a. die politische Gliederung des deutschsprachigen Raumes, landschaftliche Räume, wie z.B. die Mittelgebirge, die gewachsenen historischen Zusammenhänge oder auch Bevölkerungsagglomerationen, d.h. Großstädte und Ballungsräume.

Die genaue Festlegung, welche Regiolekte es im deutschsprachigen Raum gibt, ist umstritten. Zudem ist in manchen Fällen, insbesondere bei so genannten Stadtmundarten, nicht klar zu entscheiden, ob es sich um einen Dialekt oder eher um einen Regiolekt handelt, wie beispielsweise im Falle des Berlinerischen oder Wienerischen. Problematisch ist ferner, dass manche Regiolekte unter derselben Benennung gefasst werden wie dialektale Großräume. So kann *Bairisch* einerseits einen Dialektraum bezeichnen, andererseits kann damit aber auch ein Regiolekt gemeint sein, wobei beide territorial nicht identisch sind. Wo sich der Regiolekt im Dialekt-Standard-Kontinuum genau zwischen Dialekt und Standard bewegt, ist im Einzelfall schwer festzulegen.

Auf Grund dieser Unschärfe des Begriffes ist eine umfassende, unumstrittene und vollständige Auflistung der im deutschsprachigen Raum existierenden Regiolekte nicht möglich. Hier seien deshalb vielmehr einige bekannte Beispiele aus Deutschland genannt:

- Bairisch
- Badisch
- Fränkisch
- Hessisch
- Missingsch (Norddeutsch)
- Pfälzisch
- Rheinisch
- Ruhrdeutsch

- Sächsisch
- Schwäbisch
- Westfälisch

Die hier beschriebenen Schwierigkeiten der Definition sind auch Resultat dessen, dass sich Veränderungen durch Sprachwandel vollziehen, die dazu führen, dass sich Spezifika der Regiolekte wandeln.

Gerade die Stadtmundarten (Stadtsprachen) von besonders prägenden Großstädten (bzw. Millionenstädten) wie Berlinerisch, Kölsch, Hamburgisch etc. dienen oftmals als Leitmundarten für einen Großraum, wie beispielsweise Kölsch für einen großen Teil des Rheinlandes. Dies wird auch durch die Medien unterstützt, die gerade diese Varietäten in sprachlich regional gefärbten Formaten (u.a. sog. Mundartsendungen, Mundarttheater, Mundartmusik) nutzen, um regionale Identität zu konstruieren und anzusprechen. Die Folge ist, dass lokale Dialekte von diesen Stadtmundarten beeinflusst, z.T. auch überlagert werden.

Zu beantworten bleibt noch, wie Dialekte (und ebenso auch Regiolekte) voneinander abgegrenzt werden können. Zunächst muss darauf hingewiesen werden, dass es keine allgemein akzeptierten Kriterien gibt, wie man Dialekte objektiv voneinander abgrenzen kann. Die traditionelle Dialektgeografie, auf der auch die Identifizierung der oben angeführten Dialekte beruht, arbeitet mit so genannten *Isoglossenbündeln,* d.h. mit dem Zusammenfall von Sprachgrenzen. Derartige Sprachgrenzen (Isoglossen) umschließen Bereiche, in denen ein bestimmtes sprachliches Merkmal auftritt, und trennen diese von anderen ab.

Besonders naheliegend zu erheben sind Unterschiede bei der Lexik (Wortschatz, Wortgebrauch), im Bereich der Phonetik/Phonologie (Lautstand, Lautlehre) oder hinsichtlich der Morphologie. Bei der Morphologie wäre dies beispielsweise die unterschiedliche Bildungsweise der Diminutiva (auf *-ken, -chen, -lein, -la, -le, -li, -(e)l*). Wie dabei deutlich erkennbar ist, spielen hier auch lautliche Differenzen eine Rolle. Ebenso sind Differenzierungen hinsichtlich der Lexik in der Regel mit solchen in Laut- und Formenbildung verknüpft, wie Abb. 5 und vor allem Abb. 6 beispielhaft zeigen.

Auf dieser Basis eines solchen Unterscheidungsverfahrens entstand für den deutschen Sprachraum der „Deutsche Sprachatlas", der von 1927 bis 1956 in einer ersten Version erschien. Material dafür waren Erhebungsbögen mit 40 Beispielsätzen, die der Sprachwissenschaftler Georg Wenker (1852-1911) ab 1876 an alle Schulen im Deutschen Reich verschickte und so über 40.000 Erhebungsorte abfragte. Später wurden Erhebungen auch in deutschsprachigen Gebieten außerhalb des Deutschen Reiches durchgeführt. Mit Hilfe der Erhebungssätze ließen sich Unterschiede im Laut- und Formenbestand im deutschen Sprachgebiet ermitteln. Die dabei erzielten Ergebnisse konnten in Form von Sprachkarten dargestellt werden.

In ähnlicher Weise arbeitet der „Deutsche Wortatlas". Hier wird die Verbreitung von bestimmten Wörtern bzw. Benennungen von Realien (wirklichen Dingen, Tatsachen, Sachverhalten) geografisch dargestellt. Für die Differenzierung regiolektaler Unterschiede erweist sich ferner der „Altas zur deutschen Alltagssprache" als hilfreich.[7]

[7] http://www.atlas-alltagssprache.de/

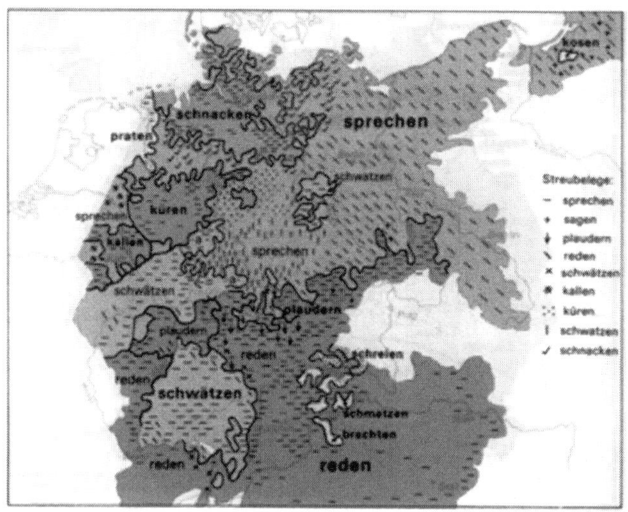

Abb. 5: Historische Verbreitung der Bezeichnungen für *sprechen* (Quelle: König: dtv-Atlas zur deutschen Sprache, S. 176)

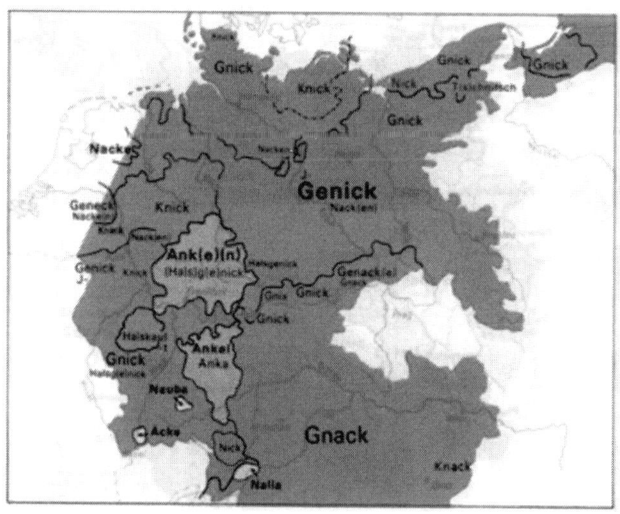

Abb. 6: Historische Verbreitung der Bezeichnungen für *Genick* (Quelle: König: dtv-Atlas zur deutschen Sprache, S. 172)

Aber auch grammatische, syntaktische oder phraseologische Aspekte können bei der Differenzierung von Dialekten helfen, wie beispielsweise die Untersuchung des Vorkommens des so genannten Kasus-Synkretismus (Zusammenfall von Dativ und Akkusativ), von unterschiedlichen Wortstellungen im Satz oder auch von verschiedenen Routineformeln zum Gruß oder zur Verabschiedung.

Schließlich können auch die Betrachtung prosodischer Elemente oder Erkenntnisse beispielsweise aus der Pragmatik zur Unterscheidung berücksichtigt werden. Angesichts der Vielfalt an Merkmalen, die für die Bestimmung von Dialekten herangezogen werden können, erscheint eine einfache und klar definierte Bestimmung von Dialekten bzw. Dialektgrenzen nicht möglich zu sein. Dennoch können als wichtigste Kriterien für die Abgrenzung von Dialekten bzw. Dialekträumen die folgenden angesehen werden:

- Phonetik und Phonologie (lautliche Ebene),
- Morphologie, Wortbildung und Grammatik (Formenlehre),
- Syntax,
- Lexik (einschließlich Phraseologie).

Neben linguistischen Kriterien gibt es allerdings auch noch außerlinguistische Aspekte, die bei der Bestimmung von Dialekten eine Rolle spielen. Dazu gehören insbesondere vom Menschen geschaffene (so genannte anthropogene) Grenzen sowie natürliche Barrieren, also einerseits beispielsweise ehemalige oder noch existierende Verwaltungsbezirke, Bistumsgrenzen, aber auch historische feudale Herrschaftsgebiete bzw. andererseits Flüsse, Moore, Gebirgszüge, Täler, Inseln usw. Diese Faktoren können sprachliche Grenzen konstituieren, zugleich aber auch zur Identifizierung und Benennung von Dialektgebieten beitragen.

Die Festlegung der Grenzen bzw. Räume von Dialekten und Regiolekten ist trotz oder gerade wegen der Vielzahl an Unterscheidungskriterien in sprachlicher wie nichtsprachlicher Hinsicht immer auch diskutabel, weil ein gewisser Grad an Willkürlichkeit dabei nicht zu vermeiden ist. Insbesondere das Festhalten an historisch gewachsenen Festlegungen, die oftmals nicht nur an wissenschaftlichen Kriterien orientiert sind, erschwert eine rein objektive Differenzierung.

Gerade diese letztgenannte außersprachliche Dimension besitzt für die Festlegung der deutlich großräumiger konzipierten Regiolekte besondere Bedeutung, so dass sich Regiolekte häufig an natürlichen oder vom Menschen geschaffenen Raumgrenzen orientieren.

Vertiefungsaufgaben:

1. Recherchieren Sie, welche Sprachräume/Dialektgebiete die folgenden Sprachgrenzen voneinander trennen und an welchen lautlichen Phänomenen sie sich orientieren: Uerdinger Linie, Benrather Linie, Eifel-Schranke, Hunsrück-Schranke, Germersheimer Linie, Sundgau-Bodensee-Schranke.
2. Erörtern Sie, welche kulturelle Bedeutung das Bewusstsein über eine dialektale bzw. regiolektale Zugehörigkeit besitzen kann.
3. Überlegen Sie, welche speziellen Bedingungen die Entstehung und Entwicklung von Stadtmundarten (Stadtsprachen) beeinflussen und durch welche allgemeinen Merkmale sich diese vom Dialekt (bzw. von den Dialekten) in der Umgebung unterscheiden.

Teutonismen, Austriazismen, Helvetismen

Wenn man Deutsch als plurizentrische Sprache auffasst, so gibt es drei gleichwertige staatlich sanktionierte Standardsprachen, nämlich das bundesdeutsche Deutsch, das österreichische Deutsch und das Deutsch in der Schweiz. Eine solche Differenzierung ist natürlich nur dann sinnvoll, wenn es auch signifikante Unterschiede gibt. Dies sind Eigenheiten u.a. in der Lexik, in der Phraseologie, in der Morphologie/Wortbildung, in der Phonologie, in der Syntax oder auch in der Pragmatik, die nur in einem Teil des deutschen Sprachraumes vorkommen. Sprachliche Besonderheiten, die für die in Deutschland übliche Varietät charakteristisch sind, werden *Teutonismen* genannt. Spezifika der deutschen Sprache in Österreich heißen *Austriazismen*, diejenigen des Deutschen in der Schweiz *Helvetismen*. Während sich die Bundesrepublik Deutschland von Norden nach Süden sprachlich von Niederdeutsch über Mitteldeutsch bis hin zum Oberdeutschen gliedert und damit das Sprachgebiet in sich sehr stark differenziert ist, gestaltet sich die dialektale Basis in Österreich und in der Schweiz anders. Alle Dialekte dort gehören jeweils zum oberdeutschen Sprachraum. Dabei sind die Dialekte Österreichs (mit Ausnahme Vorarlbergs)[8] dem Bairischen, die deutschen Dialekte der Schweiz dem Alemannischen zuzuordnen. Aus diesen Gründen sind die Einflüsse des Oberdeutschen auf die Standardsprache in Österreich und in der Schweiz wesentlich stärker, als dies in der Standardsprache der Bundesrepublik Deutschland der Fall ist. Auch die Geschichte und die unterschiedlichen Sprachkontakte führen zu anderen sprachlichen Einflüssen in Österreich

---

[8] Vorarlberg gehört dialektgeografisch zum alemannischen Sprachgebiet.

und in der Schweiz:
In der deutschen Sprache der Schweiz finden sich – bedingt durch die Mehrsprachigkeit des Landes – verstärkt Lehnwörter aus dem Romanischen, speziell aus dem Italienischen und Französischen. Durch die historischen Bedingungen und Sprachkontakte innerhalb der Habsburger Monarchie weist das österreichische Deutsch hingegen verstärkte Einflüsse aus den slawischen Sprachen, konkret vor allem aus dem Tschechischen, Slowakischen, Polnischen, Slowenischen und Kroatischen, sowie aus dem Ungarischen auf.
Darüber hinaus kann die sprachliche Entwicklung in Österreich und in der Schweiz als in manchen Teilen konservativer bezeichnet werden. Dies führt dazu, dass in Österreich und in der Schweiz beispielsweise manches Wortgut üblich und nicht markiert ist, das in Deutschland als veraltet gilt. Hierzu gehören insbesondere zahlreiche Entlehnungen aus dem Lateinischen.
Problematisch bei der Einteilung in bundesdeutsches, österreichisches und schweizerisches Deutsch ist die Tatsache, dass die Verbreitung dialektal bedingter Erscheinungen/Formen nicht mit den Landesgrenzen übereinstimmen muss. Grammatische Phänomene oder auch bestimmtes Wortgut können so beispielsweise in Österreich oder der Schweiz und ebenso in Teilen Süddeutschlands verbreitet sein. Darüber hinaus gibt es auch in Österreich und in der Schweiz Binnendifferenzierungen. So ist z.B. das Wort *Paradeiser* („Tomate“), das gerne als typischer Austriazismus zitiert wird, keineswegs in ganz Österreich üblich. Die Staatsgrenzen sind nur dann auch Sprachgrenzen, wenn es sich um staatlich sanktionierte spezifische Phänomene handelt, also beispielsweise im Falle des Begriffes *Kanton* oder der Bezeichnung *Bundesrat* („Minister“) in der Schweiz. Staatliche Sprachregelungen, die insbesondere in Gesetzen und Verordnungen auftreten, führen also in der Tat zu Unterschieden in der Sprache der drei Staaten Deutschland,

Österreich und der Schweiz.
Lexikalische Beispiele finden sich u.a. im „Variantenwörterbuch des Deutschen“.
Auch wenn die Standardsprachen in Deutschland, Österreich und in der Schweiz nominell gleichrangig sind, kann das so genannte *Bundesdeutsch* doch als Leitform angesehen werden, und zwar auf Grund der Bevölkerungs- bzw. Sprecherzahlen, wodurch auch die Verwendung in den Medien stark beeinflusst wird. Dies spiegelt sich beispielsweise darin wider, dass der Dudenverlag Wörterbücher publiziert mit dem Titel „Wie sagt man in Österreich?“ bzw. „Wie sagt man in der Schweiz?“. Eine entsprechende Veröffentlichung für sprachliche Besonderheiten in der bundesdeutschen Sprache fehlt hingegen.

Vertiefungsaufgaben:

1. Welche grundlegenden Unterschiede zwischen Deutschland, Österreich und der Schweiz können Sie außer den Bereichen Politik und Staat identifizieren, die potenziell für sprachliche Unterschiede in den drei Staaten verantwortlich sind?
2. Spekulieren Sie über die zukünftige Entwicklung: Was spricht für ein Verschwinden der sprachlichen Unterschiede in Deutschland, Österreich und der Schweiz, was könnte eine Vertiefung der Differenzen befördern?
3. Warum sind die Klassifizierungen in Teutonismen, Austriazismen und Helvetismen notwendigerweise Vereinfachungen? Argumentieren Sie mit passenden Beispielen.

Deutsch in Sprachinseln als territoriale Varietäten

Auch außerhalb des geschlossenen deutschen Sprachraumes gibt es Gebiete, in denen Deutsch (in welcher Form auch immer) gesprochen wurde oder wird. Man nennt solche Gebiete, wenn sie territorial isoliert, d.h. von einer anderen Sprache (Umgebungssprache) eingeschlossen sind, *Sprachinseln.* Anders als beispielsweise das Englische, das zumindest in Europa keine Sprachinseln besitzt, gab und gibt es für das Deutsche vor allem in Mittel- und Osteuropa zahlreiche Sprachinseln. Die vielfältigen historischen Ursachen dafür können hier nicht dargestellt werden. Vor allem auf dem Territorium des vormaligen Habsburgerreiches und des historischen Russischen Reiches gibt es auf Grund von Siedlungsbewegungen z.T. seit dem Mittelalter Gebiete, auf denen Deutschsprachige angesiedelt wurden.

Neuzeitliche Auswanderungswellen führten zur Entstehung von Sprachinseln in Nord- und Südamerika. Der Kolonialismus des Deutschen Reiches ließ im heutigen Namibia eine weitere außereuropäische deutschsprachige Minderheit entstehen.

Typisch bzw. prägend für die Varietäten deutscher Sprachinseln sind die folgenden Merkmale, die im Wesentlichen alle aus der mehr oder minder starken Isolation der betreffenden Sprachinseln resultieren:

- eingeschränkter Kontakt mit Sprachnutzern aus dem geschlossenen deutschen Sprachgebiet,
- Kontaktphänomene mit der/den jeweiligen Umgebungssprache(n) (z.B. Übernahme von Lexik, phraseologische, syntaktisch-morphologische Einflüsse, lautliche Anpassung),

- Konservierung historischer Sprachstände (Wortschatz, Semantik, Lautung, Grammatik, Morphologie etc.),
- eingeschränkte Orientierung an der Standardvarietät.

Gerade Isolation sowie die unterschiedlichen (auch sprachlichen/dialektalen) Herkünfte der Siedler aus dem geschlossenen deutschen Sprachraum führten dazu, dass sich auch territorial benachbarte Sprachinseln oftmals sehr stark unterscheiden können.

Heute besitzen die Sprecher in vielen Sprachinseln eine ausgeprägte Mehrsprachigkeit. In der Regel wird neben der Sprachinsel-Varietät auch die Standardvarietät des Deutschen zumindest rezeptiv beherrscht, vor allem verfügen die Sprecher aber in unterschiedlichem Maße über Kenntnisse der Umgebungssprache, die auch Amts- und Verwaltungssprache ist. Diese Zwei- oder gar Mehrsprachigkeit führt heute zu einem raschen Sprachwandel in den Sprachinsel-Varietäten, dies vor allem dort, wo sich die ökonomischen Verhältnisse grundlegend verändern und damit die Bedingungen für eine verstärkte Mobilität gegeben sind.

Die meisten europäischen Sprachinseln gingen im Laufe des 20. Jahrhunderts in Folge des 1. Weltkrieges und der nachfolgenden staatlichen Neuordnung Europas, vor allem aber während und nach dem 2. Weltkrieg unter.

Dennoch existieren auch heute noch verschiedene deutsche Sprachinseln, z.B. innerhalb der nicht-deutschsprachigen Gebiete der Schweiz oder in Norditalien. Die Fortexistenz wird hier durch den relativ nahen Anschluss an den geschlossenen deutschsprachigen Raum gestützt.

Darüber hinaus gibt es auch andernorts heute noch Sprachinseln, das gilt beispielsweise für den Ort Hopgarten auf dem Gebiet der so genannten Zips in der Slowakei.

Vor allem die besonderen Bedingungen, unter denen sich Sprache in den Sprachinseln entwickelt, machen die Erforschung der betreffenden Varietäten zu einer sehr komplexen Aufgabe, die aber insbesondere aus kultur- und sprachhistorischer Sicht wesentliche Erkenntnisse erbringen kann. Denn die Sprache in den Sprachinseln weist häufig Phänomene auf, die im geschlossenen deutschsprachigen Raum nicht oder nicht mehr existieren.

Vertiefungsaufgaben:

1. Recherchieren Sie, welche Sprachinseln in Mittel-, Ost- und Südosteuropa existierten bzw. heute noch existieren.
2. Überlegen Sie, in welchen alltäglichen Bereichen in den Sprachinseln noch Deutsch verwendet wird und wo die Umgebungssprache genutzt werden muss.
3. Welche praktischen Probleme, aber auch welche sprachpolitischen Herausforderungen ergeben sich bei der Unterstützung von Sprecherinnen und Sprechern in deutschen Sprachinseln?

Historische Gliederung des Deutschen

Für die Beschreibung der Geschichte des (Hoch-)Deutschen unterscheidet man verschiedene diachrone Varietäten. Diese werden nach folgenden Epochen/Perioden eingeteilt:

Zeitraum	Epoche	Bemerkungen
vor 750	Voralthochdeutsch	Es existieren nur sehr wenige Belege für diese Entwicklungsphase.
750-1050	Althochdeutsch (Ahd.)	
1050-1350	Mittelhochdeutsch (Mhd.)	Man kann das Mhd. noch untergliedern in folgende Teilphasen: 1050-1150 Frühmhd. 1150-1280 Klassisches Mhd. 1280-1350 Spätmhd.
1350-1650	Frühneuhochdeutsch (Frnhd.)	
ab 1650	Neuhochdeutsch (Nhd.)	

Diese Gliederung des Hochdeutschen ist selbstverständlich eine retrospektive Einteilung, die erst im 19. bzw. sogar erst (im Falle des Frühneuhochdeutschen) im 20. Jahrhundert entwickelt wurde. Sie dient der besseren Fassbarkeit der Entwicklungsgeschichte des Hochdeutschen.

In den historischen Phasen war also niemandem bewusst, dass er oder sie z.B. Althochdeutsch sprach oder schrieb. Lange Zeit wussten die Menschen noch nicht einmal, wie ihre Sprache hieß. Einen Beleg dafür liefert auch die Etymologie des Wortes *deutsch*: Es leitet sich von ahd. *diutisc* ab, das ein Adjektiv zu ahd. *diot* „Volk“ darstellt. Die ursprüngliche Bedeutung ist damit „zum Volk gehörig“. Auf die Sprache übertragen könnte man Deutsch damit als „Volkssprache“ bezeichnen, offenkundig im

Kontrast zur Gelehrtensprache Latein. Insofern ist die Bestimmung der Sprache indirekt bzw. über die soziale Herkunft der Sprecher gegeben.
Die Abgrenzung der einzelnen historischen Phasen ist – wie die Abgrenzung aller Varietäten voneinander – ein Konstrukt, das mehr oder weniger gut begründbar ist. Die zeitlichen Grenzen orientieren sich primär an der Durchsetzung sprachlicher Veränderungen, aber auch an allgemeinen historischen Daten: Zum Beispiel kann das Ende des Dreißigjährigen Krieges 1648 als ein Grund für den Einschnitt 1650 zwischen Frühneuhochdeutsch und Neuhochdeutsch gesehen werden. Generell zeigt aber die Tatsache, dass die Grenzen immer in der Mitte eines Jahrhunderts liegen, dass es sich hierbei nur um ungefähre Angaben handelt.
Damit sind die Grenzen nur eine grobe Orientierung. So finden sich Texte mit Merkmalen des Althochdeutschen auch noch nach 1050. Denn es ist klar, dass sich die Veränderungen nicht abrupt vollzogen, d.h. die Sprachgemeinschaft wechselte nicht von einem Jahr zum nächsten die historische Varietät des Deutschen. Vielmehr erfolgten die sprachlichen Veränderungsprozesse langsam und über die Dauer von Generationen hinweg.
Angesichts des Fehlens einer allgemeinen sprachlichen Norm, d.h. einer hochdeutschen Standardsprache, sind die genannten Sprachstadien konstruierte Generalisierungen. Das bedeutet zum Beispiel: *Das* Mittelhochdeutsche als solches gab es ebenso wenig wie *das* Althochdeutsche. Vielmehr existierten lediglich Dialekte in alt- bzw. mittelhochdeutscher Zeit. Im Falle des Mittelhochdeutschen wurde im 19. Jahrhundert (vor allem von dem Germanisten Karl Lachmann und seinen Schülern) eine Idealform konstruiert. Derartig „normierte" Texte dominieren heute noch die Rezeption mittelhochdeutscher Texte und der mittelhochdeutschen Sprache.

Sprachhistorisch werden die oben aufgeführten Phasen auf die gesamte Sprachgemeinschaft bezogen. Doch auch innerhalb dieser historischen Sprachgemeinschaften bestanden Differenzierungen, die – synchron (d.h. bezogen auf dieselbe Zeit) betrachtet – auch zu Varietäten führten. So gab es z.B. im Frühneuhochdeutschen Fachsprachen, im Mittelhochdeutschen Soziolekte oder im Althochdeutschen Dialekte. Die Erforschung dieser Varietäten in den historischen Schichten der Sprachentwicklung wird allerdings oft durch eine fehlende oder unzureichende Beleglage, d.h. Überlieferung, erschwert. So ist beispielsweise die Sprache von bestimmten Handwerkern in mittelhochdeutscher Zeit kaum oder gar nicht dokumentiert.

Analog gelten alle diese Feststellungen auch für das Niederdeutsche. Dort gab es jedoch eine andere, deutlich einfachere historische Gliederung, die dadurch bedingt ist, dass es im Niederdeutschen – verglichen mit dem Hochdeutschen – weniger Veränderungen hinsichtlich der Laut- und Formenlehre gab.

Historisch lassen sich bezüglich des Niederdeutschen die folgenden Epochen unterscheiden:

Zeitraum	**Epoche**	**Bemerkungen**
800-1200	Altsächsisch (As.)	Benannt ist diese Phase nach dem germanischen Stamm der Sachsen. Das Siedlungsgebiet lag im heutigen Norddeutschland.
1200-1600	Mittelniederdeutsch (Mnd.)	
ab 1600	Niederdeutsch (Nd.)	

Insgesamt gilt sowohl für das Hoch- wie für das Niederdeutsche, dass auch innerhalb der hier vorgestellten Epochen sich Veränderungen vollzogen. Grundsätzlich könnte man also auch andere Epochen-Gliederungen vornehmen oder noch weitere zeitliche Binnengliederungen einführen.

Vertiefungsaufgaben:

1. Überlegen Sie, warum von der Sprache der Bauern in althochdeutscher und mittelhochdeutscher Zeit kaum Zeugnisse überliefert sind.
2. Diskutieren Sie die Behauptung, dass sich im Laufe der Zeit das Varietätenspektrum stark vergrößert bzw. ausdifferenziert habe.
3. Recherchieren Sie, warum das Mittelniederdeutsche historisch eine herausragende Bedeutung besaß.

Soziolekte

Unter der Bezeichnung *Soziolekt* werden Varietäten als Sprache von sozialen Gruppen verstanden. Man spricht daher häufig auch von *Gruppensprachen*. Die sprachwissenschaftliche Teildisziplin, die sich mit Soziolekten befasst, heißt *Soziolinguistik*.
In einem allgemeinen Verständnis umfassen Soziolekte alle Varietäten, die einer mehr oder minder deutlich abgrenzbaren Gruppe zuzuordnen sind. Somit gehören hierzu auch die Fachsprachen, die Sondersprachen, die altersspezifischen Varietäten usw.
Eine traditionelle, engere Definition von Soziolekten versteht diese hingegen als die Varietäten sozialer Schichten. Wie diese Schichten genau zu bestimmen sind, ist in der Soziolinguistik umstritten.
Ausgangspunkt der Soziolinguistik war die im Jahre 1958 von Basil Bernstein formulierte Defizit-Hypothese. Diese besagt – stark vereinfacht –, dass die soziale Unterschicht (speziell die so genannte Arbeiterklasse) eine Varietät der Sprache nutzt, die einen restringierten (d.h. eingeschränkten, wenig differenzierten) Code besitzt, während die Mittel- und Oberschicht in ihren sprachlichen Varietäten elaborierte Codes verwenden. Durch die geringere Leistungsfähigkeit des restringierten Codes resultierten für diese Gruppe Einschränkungen in Wahrnehmung, Denken und Entfaltung kognitiver Fähigkeiten, was wiederum zu eingeschränkten Schulerfolgen, beruflichen und gesellschaftlichen Möglichkeiten führe.
Diese These wurde im deutschsprachigen Raum in den 1960er Jahren stark rezipiert und führte zur Etablierung der Soziolinguistik als einer neuen sprachwissenschaftlichen Disziplin,

die die Beziehungen zwischen sozialem Status und Sprache in den Mittelpunkt stellte.

Modelle einer Dreiteilung der Gesellschaft in Unterschicht, Mittelschicht und Oberschicht (bisweilen auch differenziert, z.B. in der Form untere Mittelschicht, obere Mittelschicht) gelten heute in der Regel als zu stark vereinfachend.

Im Sozialismus wurde in der soziolinguistischen Literatur statt von *Schichten* häufig von *Klassen* gesprochen, die nach der marxistischen Theorie bestimmt wurden.

Das Modell der Schichten wird von unterschiedlichen Autoren auf verschiedene Weise konkretisiert, meist werden zur Bestimmung der Gruppenspezifik Faktoren wie Herkunft, Einkommen, Bildungsstand, soziale Beziehungen usw. verwendet. Da diese und andere Aspekte, die soziale Gruppen konstituieren, durchaus unterschiedlich gewichtet und in verschiedenen Formen berücksichtigt werden können, ergibt sich daraus eine gewisse Vagheit dessen, was als Soziolekt zu fassen ist. Soziolekte wie die *Sprache des Bildungsbürgertums*, *Sprache der Unterschicht(en)* und andere leiden zwar an der Unbestimmtheit der zugrunde gelegten Gruppen. Jedoch ist erst durch eine vereinfachende Unterscheidung von sozialen Gruppen die Untersuchung deren sprachlicher Spezifika möglich.

Trotz der vielfältigen Kritik sollen wegen der grundsätzlichen Bedeutung der von Bernstein formulierten Differenzierung von restringiertem und elaboriertem Code als Charakteristikum der Soziolekte der Unterschicht bzw. der Mittel- und Oberschicht hier die Merkmale aufgelistet werden.

Der restringierte Code zeichnet sich u.a. durch folgende Spezifika aus:

- kurze, syntaktisch einfache Sätze,
- Expressivität in der Ausdrucksweise, insbesondere durch verstärkende oder relativierende Elemente am Ende des Satzes (*oder?, nicht wahr?, ey, und so* etc.),

- begrenztes grammatisches Formen-Repertoire,
- geringe Zahl an Adjektiven und Adverbien,
- häufige Verwendung von Sprichwörtern,
- begrenzter Wortschatz,
- seltene Verwendung unpersönlicher Sprechweise,
- Voraussetzung desselben Wissens beim Rezipienten durch den Produzenten.

Der elaborierte Code besitzt u.a. folgende Merkmale:

- Tendenz zum komplexen Satzbau,
- grammatikalische Korrektheit und Differenzierung,
- häufige Verwendung des Passivs,
- häufiger Gebrauch von Fachlexik,
- reicher Wortschatz,
- logisch-argumentative Strukturierung von Texten,
- Verwendung unpersönlicher Formulierungen (u.a. mit Pronomina *es, man*),
- Explizitheit.

Die Unterscheidung von reduziertem und elaboriertem Code spiegelt sich auch in den Medien. So ist reduzierter Code beispielsweise in Print-Boulevard-Medien nachweisbar, ebenso in vielen Formaten des so genannten Reality-Fernsehens bei privaten Sendern. Elaborierter Code dominiert z.B. überregionale Zeitungen, die sich an eine gebildete Leserschaft wenden, oder auch in Dokumentarfilmen. Die Verwendung von elaboriertem Code kann eine Sprachbarriere darstellen. Nach der Auffassung von Bernstein können Angehörige der Mittel- und Oberschicht auch den restringierten Code verwenden bzw. verstehen, umgekehrt vermögen Angehörige der Unterschicht es nicht oder nur unzureichend, den elaborierten Code angemessen zu gebrauchen bzw. zu rezipieren.
Unabhängig von dieser Unterscheidung in restringierten und elaborierten Code werden Soziolekte heute aber vor allem auch durch andere Merkmale voneinander unterschieden. Ein wesentliches Kriterium für die Definition von sprachlich-sozialen

Gruppen und damit für die Soziolekte ist die Eigenwahrnehmung bzw. die Fremdwahrnehmung, ob eine Person sprachlich zu einer Gruppe dazugehört oder nicht.

Vertiefungsaufgaben:

1. Betrachten Sie eine selbst gewählte soziale Gruppe und arbeiten Sie deren gruppensprachliche Spezifika heraus.
2. Erörtern Sie, wo und in welcher Weise Soziolekte (oder reduzierter bzw. elaborierter Code) in der Werbung eine Rolle spielen. Geben Sie geeignete Beispiele.
3. Diskutieren Sie kritisch, ob und (wenn ja) in welcher Weise Soziolekte die soziale Wirklichkeit der betreffenden Gruppen widerspiegeln.

Fachsprachen

Fachsprachen stellen einen heute besonders ausgeprägten und bedeutsamen Teil des Varietätenspektrums des Deutschen dar. Neben der Bezeichnung *Fachsprache* findet sich in der wissenschaftlichen Literatur bisweilen der Terminus *Technolekt*. Darüber hinaus wird auch der Begriff der *Berufssprache* verwendet. Allerdings ist umstritten, ob diese letztgenannte Bezeichnung Fachsprachen adäquat beschreiben kann, denn es gibt Fachsprachen (wie z.B. die Fachsprache der Musik), die nicht zwingend mit einer beruflichen Tätigkeit verbunden sein müssen.
Eine besondere Rolle spielt bei Fachsprachen die Lexik. Denn Fachsprachen werden in fachlichem Kontext verwendet, um in diesem über spezifische Sachverhalte und Vorgänge zu kommunizieren. Ziel ist dabei die möglichst eindeutige, präzise und konkrete Darstellung. Aus diesem Grunde ist eine Normierung des fachsprachlichen Repertoires erforderlich.
Normierte Lexik wird hier als *terminologische Lexik* bezeichnet. Ein *Fachwort* ist also dann ein *Terminus*, wenn seine Bedeutung (Intension) durch eine Definition festgelegt wird. Da Fachsprachen aber eine möglichst hohe Präzision anstreben und daher Fachwörter nach Möglichkeit immer hinsichtlich ihrer Bedeutung klar bestimmt sind, werden die Begriffe *Fachwort* und *Terminus* häufig synonym verwendet.
Auf der Formseite kann ein Terminus mit einem Wort aus der Gemeinsprache oder aus einer anderen Varietät übereinstimmen, auf der inhaltlichen Seite unterscheidet er sich aber gerade durch seine fachspezifische Definition. Darüber hinaus können unterschiedliche Fachsprachen dasselbe Lexem mit unterschiedlichem Bedeutungsgehalt gebrauchen. Dies sei an den Beispielen *notieren* und *Phase* gezeigt:

Notieren bedeutet gemeinsprachlich „vermerken, aufschreiben, vormerken", in der Musikwissenschaft hingegen besitzt das Verb die Bedeutung „in Notenschrift aufzeichnen", in der Börsensprache schließlich bezeichnet es „einen bestimmten Börsenkurs haben bzw. festsetzen". Das Nomen *Phase* wird gemeinsprachlich als „Entwicklungsstufe, Entwicklungsschritt, Etappe in einem Prozess" verwendet; in der Astronomie hingegen bezeichnet es vielmehr bei Monden und Planeten diejenige Zeit, in der der Himmelskörper beleuchtet bzw. sichtbar ist bzw. die daraus resultierende Erscheinungsform; in der Chemie wird mit diesem Wort der Aggregatszustand eines Stoffes bezeichnet, in der Elektrotechnik bei Dreh- und Wechselstrom u.a. der jeweilige Leiter des Stromnetzes, in der Physik diejenige Größe, die – verglichen mit dem Ausgangszustand – den Schwingungszustand einer Welle zu einem bestimmten Zeitpunkt bestimmt.

Die Beispiele zeigen, dass die Bedeutung eines Terminus von der jeweiligen Fachdisziplin abhängt bzw. abhängen kann. Oftmals ist es aber so, dass miteinander verwandte Fachgebiete in Teilen der terminologischen Lexik übereinstimmen und sich allein in fachspezifischen Bereichen bezüglich des Wortschatzes bzw. der Definitionen der Termini unterscheiden. Man spricht hier von:

- allgemeiner terminologischer Lexik (Lexik, die für ähnliche Disziplinen gleich ist, z.B. naturwissenschaftliche Terminologie, Terminologie des Bauwesens),
- spezieller terminologischer Lexik (Lexik, die nur für ein Fach spezifisch ist, z.B. spezifische Lexik der anorganischen Chemie, Lexik des Stuckateurwesens).

Als Merkmale von Termini können folgende Eigenschaften genannt werden:

- Klarheit/Deutlichkeit der Bezeichnung,
- Exaktheit,
- Eindeutigkeit,

- Definiertheit,
- Systematik der Bezeichnung,
- Kontextunabhängigkeit.

Diese Merkmale sind im Wesentlichen ideale Eigenschaften. Da Fachsprachen jedoch historisch gewachsen sind, entsprechen nicht alle Termini den hier formulierten Ansprüchen, sondern stammen teilweise aus vorwissenschaftlicher Zeit, spiegeln einen veralteten Erkenntnisstand wider oder resultieren aus unterschiedlichen Konzepten und führen damit zu Uneinheitlichkeit und mangelnder Systematik. So basiert die heute noch in der deutschsprachigen historischen Sprachwissenschaft gebräuchliche Bezeichnung *Indogermanisch* für die Ursprache, auf die auch die germanischen Sprachen und damit das Deutsche zurückgehen, auf einem Kenntnisstand des frühen 19. Jahrhunderts.

In bestimmten – vor allem naturwissenschaftlichen – Fachdisziplinen (z.B. Anatomie, Astronomie, Chemie) bemüht man sich besonders um eine Systematisierung der Terminologie und der Bezeichnungsregeln. Hier spricht man innerhalb des terminologischen Wortschatzes noch von der so genannten *Nomenklatur*. Dabei handelt es sich um die systematische Benennung von Sachverhalten und Prozessen innerhalb des Fachgebietes. Auf Grund der vorhandenen Regeln lassen sich damit auch neue Sachverhalte eindeutig und leicht benennen. Ferner erleichtert die Systematik der Nomenklatur das Verständnis von neuen bzw. komplexen Zusammenhängen. Darüber hinaus wird bei der Nomenklatur, z.B. in der Chemie, angestrebt, dass sie international einheitlichen Regeln unterliegt, so dass auf diesem Wege auch die Kommunikation über eine Sprache hinaus vereinfacht wird.

Quellen von Fachwortschätzen sind folgende Bereiche bzw. Entstehungsprozesse:

- Umdeutung von gemeinsprachlichem Wortgut (Entwick-

lung einer spezifischen fachsprachlichen Semantik),
- Entlehnung,
- Neubildung (Konversion, Komposition, Derivation, Kurzwortbildung) aus gemeinsprachlichem Wortgut,
- Neubildung aus terminologischer Lexik,
- Übernahme aus anderen Fachwortschätzen.

Bei der fachsprachlichen Wortbildung kommt der Komposition eine besondere Bedeutung zu, da mit ihr komplexe Zusammenhänge effektiv und knapp ausgedrückt werden können. Ein weiteres Spezifikum von Fachsprachen ist die häufige Verwendung von Abkürzungen und die Bildung von Kurzwörtern. Motiv hierfür ist die Sprachökonomie, nämlich das Bestreben danach, bestimmte Sachverhalte möglichst kurz darstellen zu können. Dabei ist zu beachten, dass verschiedene Fachsprachen bisweilen dieselben Abkürzungen, aber mit unterschiedlicher Bedeutung verwenden können. Die betreffenden Abkürzungen sind daher nur für den internen fachkommunikativen Gebrauch geeignet.

Aus historischen Gründen sind manche Fachwortschätze stark mit Fremd- oder Lehnwörtern durchsetzt. In der medizinischen Fachsprache sind beispielsweise Entlehnungen aus dem Lateinischen und Griechischen sehr verbreitet. Der Hintergrund dessen ist, dass die Wurzeln der europäischen Medizin auf griechische Ärzte und Wissenschaftler zurückgehen und dass bis in die frühe Neuzeit hinein die akademische Medizin auf Latein gelehrt wurde. In jüngerer Zeit gibt es auch zahlreiche Entlehnungen aus dem Englischen in der medizinischen Fachsprache, insbesondere im Bereich der Medizintechnik. So spiegelt sich die internationale Wissenschaftssprache in den Entlehnungen wider.

Auf Grund der zentralen Rolle von terminologischer Lexik und spezifischer Phraseologie für die Fachsprachen gibt es eine sehr ausgeprägte Fachsprachen-Lexikografie. Dies zeigt einerseits, dass die Fachsprachen in der Linguistik große Beachtung erfahren, andererseits zeigt dies die Notwendigkeit, die fachsprachliche Lexik zu verzeichnen und damit zu definieren und zugänglich zu machen. Fachsprachenlexikografie leistet somit einen Beitrag zur Realisierung der oben genannten Anforderungen an Fachsprachen.

Neben dem Wortschatz besitzt auch die Phraseologie für die Ausprägung von Fachsprachen eine große Bedeutung. In spezifischen festen Wortverbindungen unterscheiden sich Fachsprachen von der Gemeinsprache. Solche Verbindungen sind in der Regel Kollokationen. Besonders häufig sind dabei so genannte Funktionsverbgefüge. Diese bestehen aus einem Verb und einem direkten Objekt (z.B. einen R*eaktor herunterfahren*, *Rechtsmittel einlegen*) oder einem Präpositionalsyntagma (z.B. *in Verkehr bringen*, a*ußer Vollzug setzen*). Bei ihnen wird die Bedeutung primär vom Nomen getragen, während das Verb seine ursprüngliche Bedeutung weitgehend oder ganz verloren hat.

Hinsichtlich der Syntax gibt es zumindest in manchen Fachsprachen gewisse Besonderheiten. Wissenschaftssprachen beispielsweise tendieren zum intensiven Gebrauch von Satzgefügen. Die Militärsprache wiederum hat im Bereich ihrer Befehlssprache ein sehr dezidiertes imperativisches Repertoire.

Aus stilistischer Perspektive sind fachsprachliche Texte ebenfalls ausgezeichnet. Sie werden in der Regel durch einen Nominalstil geprägt, wozu die Bevorzugung von Funktionsverbgefügen, aber auch die Substantivierung (Konversion) und die vielfältigen Bildungsmöglichkeiten durch nominale Komposition beitragen. Das Vorherrschen von Nominalgruppen im Nominalstil führt zu einer verdichteten Ausdrucksweise, die zwar den spezifischen fachsprachlichen Anforderungen nach Exaktheit und Eindeutigkeit entgegenkommt, mit ihrem hohen Informationsgehalt bei der Verständlichkeit jedoch zu Problemen führen kann.

Ferner ist fachsprachlicher Stil meist durch unpersönliche Formulierungen sowie durch eine häufige Verwendung von Passivkonstruktionen geprägt. Diese beiden stilistischen Besonderheiten sollen dem Ziel der Objektivität dienen und einen Sachbezug herstellen.
Ein weiteres prägendes Charakteristikum der Fachsprachen stellt das Spektrum an speziellen Textsorten dar. Die konkreten Arten und Formen der Fachtextsorten hängen in den meisten Fällen unmittelbar von den fachlichen Kontexten und Bedürfnissen fachsprachlicher Kommunikation ab. Während die Textsorte „Fachgespräch" in allen Bereichen vorkommen kann, sind beispielsweise die Textsorten „Fehlerprotokoll", „Bauanleitung", „Labornotiz" oder „Annotation" nur in bestimmten Fach- oder Wissenschaftsbereichen sinnvoll und üblich. Wie alle Textsorten werden auch die Fachtextsorten durch eine inhaltliche und eine formale Seite bestimmt. Während die inhaltliche Seite hier unmittelbar mit dem fachlichen Kommunikationskontext verbunden ist, wird die formale Seite vor allem durch Konventionen bestimmt, die sich im Laufe der Zeit innerhalb des Fachgebietes herausgebildet haben.

Neben den Spezifika von Fachsprachen ist auch deren Entwicklung beachtenswert: Ebenso wie andere Varietäten können auch Fachsprachen untergehen oder neu entstehen, und zwar in Abhängigkeit von dem Verschwinden oder Neuentstehen von Fachgebieten oder Berufen. So sind beispielsweise die Berufe Wagner bzw. Stellmacher, Nagelschmied, Wollschläger heute weitgehend untergegangen, dafür gibt es neue Fachgebiete wie die Informatik oder Berufe wie Systemtechniker, Spieleentwickler usw.
Ein weiterer nur selten beachteter varietätenlinguistischer Aspekt liegt in den verschiedenen Verbindungen von Fachsprache und Dialekt bzw. Regiolekt:
Manche Fachsprachen, in der Regel Berufssprachen, sind land-

schaftlich differenziert, d.h. sie besitzen regiolektale Einflüsse und damit Unterschiede. Meist handelt es sich um Handwerkersprachen und landwirtschaftliche Fachsprachen, die historisch gewachsen sind, aus vorindustrieller Zeit stammen und sprachlich einzelne dialektale bzw. regiolektale Elemente aufweisen. Das sind gemeinhin einzelne Fachwörter. Von einer „dialektalen Fachsprache" kann jedoch nicht gesprochen werden. Durch zunehmende Mobilität und überregionale Kommunikation, aber auch durch staatliche Normen gehen derartige regionale Unterschiede in den Fachsprachen allerdings zurück.

Darüber hinaus sind manche Fachsprachen (ursprünglich oder sogar bis heute) nur in bestimmten Regionen des deutschen Sprachraumes präsent. Dies gilt beispielsweise für die Fachsprache der Hochseefischerei oder für die Winzersprache. Dementsprechend weisen diese Fachsprachen (Berufssprachen) eine gewisse Rückbindung an die jeweiligen Dialekträume auf. So besitzt die Fachsprache im Fischereiwesen deutliche Einflüsse aus dem Niederdeutschen (eigenständige Sprache, kein Dialekt), die Winzersprache Einflüsse aus den Dialekten der Weinbaugebiete. Für den letztgenannten Fall werden die lexikalischen Besonderheiten im „Wörterbuch der deutschen Winzersprache" dokumentiert.

Sofern Fachsprachen dialektal beeinflusst sind, werden sie im Wesentlichen kleinräumig gebraucht. Für eine großräumige Verwendung und Kommunikation sind dialektale oder regiolektale Elemente hingegen hinderlich, weil sie Klarheit und Eindeutigkeit der Kommunikation negativ beeinflussen.

Ein wichtiges Feld der Forschung ist die Identifizierung von Fachsprachen. Denn in manchen Fällen ist es umstritten, ob überhaupt von einer Fachsprache gesprochen werden kann. Nicht immer ist klar beurteilbar, ob die betreffenden Varietäten einen exklusiven Fachbezug besitzen und damit von der Allgemeinsprache unterschieden sind. Dies gilt insbesondere für solche Bereiche, in denen auch in der Allgemeinheit breite Kenntnisse vorhanden sind. Als Beispiele können hier die Kochsprache oder auch die Fußballsprache genannt werden: Sowohl über den Fußballsport als auch über das Kochen bestehen in der breiten Öffentlichkeit durchaus Kenntnisse über Grundlagen, aber auch über Details. Insofern könnte man die Position vertreten, dass diese Bereiche zur Allgemeinsprache zählen. Unzweifelhaft kann aber die fachliche Unterhaltung zwischen zwei Fußballtrainern oder zwei Spitzenköchen so geartet sein, dass sie einen solchen Grad an Fachlichkeit aufweist, so dass weder die Kenntnis über die Realien (Gegenstände, Sachverhalte) allgemein gegeben ist noch die sprachliche Realisierung.

Schließlich sind viele Fachsprachen in sich differenziert. Dies lässt sich am Beispiel der Bergbausprache verdeutlichen:

Es gibt Bergleute, die unter Tage arbeiten (z.B. im Steinkohlebergbau). Es gibt aber auch solche, die im Tagebau, d.h. über Tage arbeiten (z.B. im Braunkohletagebau). Bei der Sprache der beiden Gruppen handelt es sich um zwei zumindest teilweise unterschiedliche Berufssprachen. Darüber hinaus wird Bergbausprache aber auch in den Montanwissenschaften verwendet. Hier liegt dann eine Wissenschaftssprache vor. Schließlich existieren noch weitere Verwendungsbereiche, in denen Bergbausprache relevant ist, beispielsweise in der Administration oder im Bergrecht. Bergbausprache ist damit eine Überdachung über verschiedene Teilbereiche, die wiederum in sprachlicher Hinsicht differenziert sind.

Auf Grund der an diesem Beispiel gezeigten Komplexität der Thematik gibt es eine sehr reiche Fachsprachenforschung, die sich sowohl mit theoretischen Fragen wie der oben bereits erwähnten Definition und Abgrenzung von einzelnen Fachsprachen befasst als auch sich praktischen Problemen widmet. Hierzu gehören beispielsweise die Entwicklung und Normierung von Terminologie oder die Untersuchung und Verbesserung der Verständlichkeit fachsprachlicher Texte.

Vertiefungsaufgaben:

1. Welche Probleme können bei der Verwendung von Fachsprachen in der Kommunikation mit Nicht-Fachleuten auftreten? Denken Sie beispielsweise an die Arzt-Patienten-Kommunikation. Welche Funktion kann die Verwendung von Fachsprache in diesem Kontext besitzen?
2. Überlegen Sie, welche Fachsprachen in jüngerer Zeit neu entstanden sind und wodurch sie sich im Hinblick auf die Lexik auszeichnen.
3. Wie kann es zum Übergang von Lexik aus den Fachsprachen in die Allgemeinsprache kommen? Geben Sie Beispiele.

Sondersprachen (im engeren Sinne)

Die Bezeichnung *Sondersprache* ist mehrdeutig und wird in der Linguistik in unterschiedlichen Bedeutungen verwendet. Generell kann man zwischen *Sondersprachen im allgemeinen* und *im engeren Sinne* differenzieren.
Mit *Sondersprachen im allgemeinen Sinne* sind alle Sprachformen/ Varietäten gemeint, die nur von einem Teil der Mitglieder einer Sprachgemeinschaft gesprochen bzw. verwendet werden. Damit umfasst der allgemeine Begriff alle Varietäten, die sich von der Standardsprache unterscheiden und lediglich von einer bestimmten Gruppe gebraucht werden. Insgesamt ist diese Auffassung von Sondersprachen recht unspezifisch.
Demgegenüber umfassen *Sondersprachen im engeren Sinne* eine weitaus kleinere Gruppe von Varietäten. Zu ihren Spezifika gehört, dass sie rückgebunden sind an eine sozial eng umgrenzte Sprechergruppe. Insofern können sie auch als eine spezielle Form der Soziolekte verstanden werden.
Allerdings sind Sondersprachen im engeren Sinne[9] häufig ebenfalls gebunden an bestimmte Tätigkeiten oder thematische Beschreibungsbereiche. Deshalb stehen sie auch den Fachsprachen nahe. Darüber hinaus sind Sondersprachen oft lediglich regional oder sogar nur lokal verbreitet, besitzen vielfach auch eine dialektale Komponente.
Charakteristisch für Sondersprachen ist ein Sonderwortschatz, der mit gruppenspezifischen Interessen und Bedürfnissen korrespondiert.
Die Funktionen von Sondersprachen bzw. der Verwendung von Sonderwortschätzen sind u.a. folgende:

---

[9] Im Folgenden nur noch: Sondersprachen.

- Benennung und Beschreibung von spezifischen (gruppenrelevanten) Sachverhalten und Situationen,
- Gewährleistung einer gruppeninternen Kommunikation,
- Abschirmung/Geheimhaltung gegenüber Gruppenfremden,
- Identitätsstiftung (Verwendung als Ausweis der Gruppenzugehörigkeit),
- Selbststilisierung (als klug, wissend, eingeweiht).

Ein ganz wesentlicher Unterschied zu Fachsprachen oder Soziolekten allgemein ist die hermetische (abschottende) Intention der Verwendung von Sondersprachen. Auf Grund ihrer Geheimhaltungsintention werden Sondersprachen im engeren Sinne bisweilen auch als Geheimsprachen bezeichnet.

Gerade wegen ihrer Verwendung allein in der gruppeninternen Kommunikation sind Sondersprachen gemeinhin auf die Mündlichkeit beschränkt. Schriftliche Quellen gibt es – wenn überhaupt – vor allem von Außenstehenden, die den Sonderwortschatz aufzeichnen, um ihn zu entschlüsseln. In geringerem Maße werden schriftliche Texte von Gruppenmitgliedern verfasst, um die Sondersprache zu dokumentieren – dies oftmals retrospektiv, wenn eine Sondersprache vom Untergang bedroht ist und/oder ihre ursprüngliche Funktion verloren hat. Andere schriftliche Quellen spielen nur eine untergeordnete Rolle.

Typische Sondersprachen sind:

- Gaunersprachen,
- Bettlersprachen,
- Prostituiertensprachen,
- Sprachen von Drogenhändler,
- Sprachen wandernder Musikanten,
- Viehhändlersprachen,
- Hausierersprachen.

Die meisten dieser Sondersprachen haben bereits eine lange historische Tradition.

Nicht immer ist eine klare Abgrenzung bzw. Zuordnung zu den Sondersprachen möglich. Dies gilt beispielsweise für die Jägersprache, die historische Studentensprache oder auch für die historische Druckersprache. In solchen Fällen ist umstritten, welche Rolle die Abgrenzungs- und Geheimhaltungsfunktion bei der Verwendung dieser Varietäten besitzt/besaß.
Ein charakteristisches Merkmal der Sondersprachen besteht darin, dass die Sprechergruppen häufig sozial stigmatisiert oder marginalisiert sind oder waren. Es handelt sich also meist um soziale Randgruppen. Die von ihnen ausgeübten Tätigkeiten oder ihre Lebensweise werden bzw. wurden gesellschaftlich geächtet oder zumindest mit Misstrauen betrachtet.
Da viele der oben genannten typischen Sondersprachen früher unter dem Begriff *Rotwelsch* subsumiert wurden, spricht man heute im Bezug darauf bisweilen auch von *Rotwelsch-Dialekten*. Diese Bezeichnung ist aber problematisch, weil sie die Existenz eines einheitlichen Rotwelsch suggeriert und außerdem die diatopische Komponente der Varietäten in den Vordergrund stellt, obwohl die Differenzierung in der Regel diastratisch orientiert ist.
Beachtlich hinsichtlich der Sondersprachen sind ferner Eigenbezeichnungen, die die Sprecher ihrer Sondersprache geben, typisch sind beispielsweise *Loschn Kodesch, Lachoudisch, Jenisch.*
Aus der Geheimhaltungsintention, also dem Bestreben, sich durch die Sprache von Außenstehenden abzuschirmen bzw. diese über die Inhalte der gruppeninternen Kommunikation im Unklaren zu lassen, resultieren mehrere Besonderheiten insbesondere bezüglich des Wortschatzes. Zu den wichtigsten gehören:

- sprachspielerische Neubildungen,
- Umdeutung der Semantik von Lexemen,
- Dissimilation (Verunähnlichung, Verfremdung, z.B. durch Änderung der Lautgestalt, Einfügung von Morphemen, Austausch von Konsonanten oder Vokalen),

- Verwendung von fremdsprachiger Lexik,
- Hybridbildungen (z.B. Zusammensetzung von deutschen und fremdsprachigen Morphemen),
- Neuprägung von Phraseologismen.

Auf diese Weise können sondersprachliche Äußerungen für Außenstehende vollständig unverständlich sein oder belanglos erscheinen, während sie für die Gruppenangehörigen verständlich sind. Wenn also sondersprachlich beispielsweise von *Moos, Kies, Schotter* oder *Kohle* gesprochen wird, ist „Geld" gemeint. Für Außenstehende ist diese spezielle Semantik (ursprünglich) ohne Vorkenntnisse nicht erschließbar.[10]

Hinsichtlich der Übernahme von Lexik aus fremden Sprachen sind in den Sondersprachen vor allem die folgenden Spendersprachen beliebt:

- Hebräisch,
- Jiddisch,
- Romanes (Sprache der Roma),
- Französisch,
- Englisch (erst in der jüngeren Vergangenheit).

Die jeweils bevorzugten Spendersprachen resultieren aus dem sozialen und sprachlichen Hintergrund der Gruppenangehörigen. Neben Fremdsprachigem findet aber auch Dialektales Eingang in die Sondersprachen.

Die Dokumentation und Erforschung von Sondersprachen werden durch mehrere Faktoren erschwert. Dazu gehören u.a.:

- weitgehendes Fehlen schriftlicher Quellen,
- Zugang zur Sprache nur für Gruppenangehörige,
- Verwendung von diversen Mechanismen zur Geheimhaltung, u.a. zur Verfremdung des Wortgutes, die von Außen-

[10] Die hier genannten Bezeichnungen für „Geld" sind inzwischen aus den Sondersprachen in die substandardsprachliche Allgemeinsprache übernommen worden und haben damit ihre sondersprachliche Geheimhaltungsfunktion verloren.

stehenden nur schwer oder gar nicht dekonstruiert werden können,

- sehr kleine Sprechergruppen,
- Verwendungskontexte z.T. im Bereich der Illegalität.

Daher gibt es Sondersprachen, die bislang noch nicht näher untersucht wurden bzw. weitgehend unbekannt sind. Durch den gesellschaftlichen Wandel gehen immer wieder Sondersprachen unter, während neue entstehen.

Vertiefungsaufgaben:

1. Überlegen Sie, in welchen Bereichen in jüngerer Vergangenheit neue Sondersprachen entstanden sind.
2. Diskutieren Sie die Behauptung, dass manche Sondersprachen den Fach- und Berufssprachen nahestehen.
3. Recherchieren Sie die Bedeutung von *Argot*, *Slang* und *Jargon* und arbeiten Sie die Unterschiede zu der hier vorgenommenen Bestimmung von *Sondersprachen* im engeren Sinne heraus.

Geschlechtsspezifische Varietäten: Sexlekte

Die Frage, ob es geschlechtsspezifische Unterschiede in Sprachgebrauch und -rezeption gebe, wurde lange kontrovers diskutiert. Zwar wird heute in Darstellungen zur Varietätenlinguistik gemeinhin eine Differenzierung von Sprache in Abhängigkeit vom Geschlecht bejaht, jedoch ist die Einordnung dieser Varietäten nach wie vor strittig: Entweder werden sie als stilistische Varietäten verstanden und damit als diaphasisch, oder sie werden als diastratisch angesehen mit der Begründung, dass Männer und Frauen (ggf. auch noch Personen mit diversem Geschlecht) soziale Gruppen darstellen. Unter der letztgenannten Einschätzung werden die betreffenden Varietäten als *Sexlekte* (bisweilen auch als *Sexolekte*) oder – unter Berücksichtigung der Gender-Theorie – als *Genderlekte* bezeichnet.

Von der Genderlinguistik werden beispielsweise folgende Punkte in diesem Zusammenhang näher betrachtet:

- Unterschiede im Sprachgebrauch von Männern und Frauen,
- mögliche Zusammenhänge zwischen unterschiedlichem Sprachgebrauch und den sozialen Rollen von Männern und Frauen,
- Einfluss des Sprachsystems (z.B. im Bereich der Grammatik oder Lexik) auf den unterschiedlichen Sprachgebrauch,
- Widerspiegelungsfunktion von Sprache hinsichtlich des Verhältnisses von Männern und Frauen.

Allgemeine Differenzen im Sprachgebrauch in Abhängigkeit vom Geschlecht sind allerdings schwer zu identifizieren, so dass Aussagen hierüber stark umstritten sind.

Unbestritten ist jedoch, dass das soziale Geschlecht (Gender) eine wichtige Rolle bei der Ausprägung der geschlechtsspezifischen Varietäten besitzt, wobei allerdings kontrovers diskutiert wird, welchen genauen Einfluss das biologische Geschlecht (Sexus) bzw. das soziale Geschlecht (Gender) besitzen.

Der Wandel der Geschlechterrollen in der Gesellschaft führt auch zu einem Wandel der Spezifika der geschlechtstypischen Varietäten. So formulierte beispielsweise Robin Lakoff in den 1970er Jahren u.a. folgende Merkmale, die die Sprache von Frauen von denen von Männern signifikant unterscheiden würden:

- ausgeprägter und differenzierter Wortschatz für typisch weibliche Domänen und Interessengebiete,
- Tendenz zur besonderen Korrektheit bis hin zur Hyperkorrektheit,
- betonte bis übertriebene Höflichkeit,
- Vermeidung von Kraftausdrücken, Flüchen,
- Orientierung am Standard,
- Verwendung von Abschwächungsphrasen,
- Verwendung von Füllphrasen und Zustimmungsfragen.

Insbesondere die starke Orientierung am Standard, das Bestreben um Korrektheit oder auch das Vermeiden von Vulgarismen (Flüchen, Schimpfwörtern) werden dabei als Reaktion von Frauen auf gesellschaftliche Erwartungen und als Versuche zur Aufwertung des Status gedeutet. Hintergrund einer solchen Wertung ist die Einschätzung, dass Frauen im Vergleich zu Männern gesellschaftlich eine mindere Position einnehmen. Man kann dies auch als ein Defizitmodell bezeichnen. Ob ein derartiges Modell heute in dieser Allgemeinheit noch als angemessen angesehen werden kann, darf bezweifelt werden.

Ein anderer Ansatz geht auf eine anthropologische Sicht zurück. In den 1990er Jahren hat Janet Holmes auf dieser Grundlage die sprachlichen Unterschiede zwischen Männern und

Frauen soziolinguistisch verallgemeinert so dargestellt:

- Männer und Frauen haben unterschiedliche Sprachgebrauchsmuster,
- Frauen verwenden tendenziell eher sprachliche Mittel, die auf Solidarität abzielen bzw. zur Erhaltung dieser dienen können,
- Frauen interagieren eher affektiv als Männer und weisen affektiven Funktionen von Sprache eine höhere Bedeutung zu,
- Frauen sind stilistisch flexibler als Männer.

Weitere Untersuchungen fokussieren auf die sprachliche Interaktion von Männern und Frauen oder auch auf konkrete Formen der Gesprächsführung.

Dabei wurden u.a. folgende Beobachtungen beschrieben:

- Männer unterbrechen den Gesprächspartner/die Gesprächspartnerin häufiger als Frauen,
- Männer sind stärker bestrebt, das Gesprächsthema zu setzen und zu steuern,
- Männer geben verzögert oder gar keine Hörerrückmeldung,
- Männer gehen Fragen und Problemstellungen eher lösungsorientiert an, Frauen häufig empathieorientiert,
- Männer äußern eher Feststellungen als Frauen, Frauen häufiger Fragen als Männer.

Bei allen hier angeführten Differenzen handelt es sich um Pauschalisierungen und Stereotypisierungen, die Kritik hervorgerufen haben. Auch innerhalb der Gruppen gibt es so große Unterschiede, dass diese die Berechtigung einer sprachlichen Differenzierung zwischen Frauen und Männern in Zweifel ziehen lassen. Untersuchungen haben überdies gezeigt, dass es große Überlappungen in den individuellen Kommunikationsweisen gibt, so dass eine generelle Trennung zwischen männlicher und weiblicher Kommunikation kaum möglich ist. Überdies variiert die Bandbreite der Merkmale in Abhängigkeit von der sozialen Position. Aber auch die sexuelle Orientierung, die Identifizierung mit einer Geschlechterrolle und andere Faktoren spielen hier eine Rolle. Insofern erscheint die Unterscheidung in Männer- und Frauensprache eine grobe Vereinfachung.

Es ist jedoch ohne solche Verallgemeinerungen kaum möglich, für so facettenreiche und in sich unterschiedliche Gruppen wie Männer und Frauen sprachliche Gemeinsamkeiten zu finden.

Im Unterschied zu den meisten anderen Varietäten werden bei der Differenzierung von Genderlekten bzw. Männer- und Frauensprache vor allem Aspekte des Sprachverhaltens fokussiert, während lexikalische, grammatische, syntaktische, phonetische und andere Komponenten nur eine untergeordnete oder gar keine Rolle spielen.

Bislang noch weitgehend unerforscht ist, ob und wie beispielsweise Transsexuelle oder Menschen mit diversem Geschlecht sprachliche Eigenheiten als Gruppe besitzen und sich dadurch von anderen unterscheiden.

Grundsätzlich ist gerade die Thematik der Genderlekte auf Grund des gesellschaftlichen Wandels und der Veränderungen der Rollen als dynamisch veränderlich anzusehen.

Vertiefungsaufgaben:

1. Überlegen Sie, wie sich die Rollen von Männern und Frauen im 20. Jahrhundert verändert haben und welchen Einfluss dies auf die Sprache haben könnte.
2. Recherchieren Sie, was man unter Feministischer Linguistik versteht und wie sie sich entwickelt hat.
3. Welche Bedeutung kann die Reflexion über männliche und weibliche Varietäten für die öffentliche Kommunikation besitzen? Geben Sie Beispiele und erörtern Sie diese.

Altersspezifische Varietäten

Das Lebensalter eines Menschen hat Einfluss auf dessen Sprache. Durch die gemeinsame sprachliche Sozialisation in einem bestimmten Zeitraum haben Menschen gleichen Alters oftmals ähnliche sprachliche Eigenheiten. Auch die verschiedenen Stadien des kindlichen Spracherwerbs spiegeln sich in der Sprache wider. Ebenso weist die Sprache von Jugendlichen und jungen Erwachsenen Besonderheiten auf, die sie von derjenigen anderer Gruppen unterscheiden. Senioren wiederum besitzen in ihrer Sprache ebenfalls spezielle Merkmale. Insofern ist es berechtigt, von altersspezifischen Varietäten zu sprechen.

In der Varietätenlinguistik gibt es hierfür verschiedene Bezeichnungen, so z.B. *Generationensprachen*, *Lebensalterssprachen*, *diagenerationelle Varietäten* oder auch *Chronolekte*.[11]

Man kann so folgende Stufen unterscheiden:

- Kindersprache (vom Beginn des Spracherwerbs bis zur Einschulung),
- Schülersprache/Jugendsprache (vom Beginn der Schulzeit bis zum Ende der beruflichen Ausbildung),
- Erwachsenensprache (Zeit der Berufsausübung und/oder Zeit der Kindererziehung),
- Seniorensprache (nach Ende der beruflichen Tätigkeit bzw. der Kindererziehung).

Trotz der hier angegebenen zeitlichen Orientierung ist die Abgrenzung zwischen den verschiedenen Altersstufen recht vage und daher umstritten.

[11] Die Bezeichnung *Chronolekt* ist allerdings mehrdeutig, weil sie teils auch als Bezeichnung für historische Sprachstufen verwendet wird.

Auch hier ist es wiederum notwendig, eine sprachliche Form als Bezugspunkt zu wählen, von der sich die anderen Varietäten unterscheiden lassen. Dies mag die Standardsprache oder die Gemeinsprache bzw. Umgangssprache sein. Diese steht der Erwachsenensprache am nächsten. Daher gilt auch die Erwachsenensprache als standardsetzend.

Da Menschen im Laufe des Lebens die sprachlichen Varietäten verschiedener Altersstufen durchlaufen, spricht man auch von *transitorischen Varietäten*, d.h. von zeitlich aufeinander abfolgenden Varietäten. Ein Mensch beginnt sprachlich mit dem Stadium der Kindersprache, dann kann seine Sprache der Jugendsprache zugeordnet werden, als weitere Stufen folgen die Sprache der Erwachsenen und die Seniorensprache.

Gegen ein solches Modell, das den Übergang von einer Phase in die nächste vorsieht, kann man aber die Auffassung setzen, dass sich die Sprache des Einzelnen zwar einerseits in ständiger Entwicklung befindet, andererseits die wesentlichen Schritte des Erwerbs und der Entwicklung von Sprache zu einem bestimmten Zeitpunkt abgeschlossen sind. Auf diesem grundlegenden Stand verbleibt das Individuum meist, während sich im Umfeld die Sprache weiterentwickelt. Zumindest das Phänomen der Seniorensprache könnte dann nicht als eine Fortentwicklung, sondern lediglich als ein Veralten durch das Festhalten an bereits Erworbenem gedeutet werden.

Außerdem wäre unter dem Konzept der transitorischen Varietäten beispielsweise die Jugendsprache lediglich eine Übergangsvarietät zur Erwachsenensprache. Dies würde die Vielzahl an Besonderheiten, durch die sich die Jugendsprache auszeichnet (sprachliche Innovationen, Expressivität, Emotionalität, Tendenzen zur Sondersprachlichkeit), zu einem Randphänomen ohne längere und tiefere Wirkung relativieren.

Die wissenschaftliche Beschäftigung mit den verschiedenen altersabhängigen Varietäten hat sich unterschiedlich entwickelt: In der Geschichte der Sprachwissenschaft kann die

Beschäftigung mit der Jugendsprache auf die längste Tradition zurückblicken. Die Anfänge konzentrierten sich allerdings zunächst mit der Betrachtung der Studentensprache im Wesentlichen auf eine durch die Bildung ausgezeichnete soziale Gruppe. Dasselbe gilt für die Betrachtung der Schülersprache. Beide wurden bereits im 19. Jahrhundert wissenschaftlich untersucht. Schon Ende des 18. Jahrhunderts gab es erste Wörterbücher der Studentensprache.

Die Beschäftigung mit der Seniorensprache hingegen gibt es erst seit wenigen Jahrzehnten. Der Grund für diesen Unterschied kann darin liegen, dass die Jugendsprache als besonders kreativ-innovativ, expressiv und emotiv gilt. Damit unterscheidet sie sich sehr deutlich von der Gemeinsprache. Die Jugendsprache ist von den hier genannten vier Altersvarietäten im Übrigen die einzige, die bewusst von den Sprechern verwendet wird, um sich von anderen Altersgruppen abzusetzen. Zudem weist sie in sich noch starke Differenzierungen in verschiedene Gruppen (so genannte „Jugendkulturen“) auf, die sich auch sprachlich bewusst voneinander abgrenzen.

Im Überblick kann man den verschiedenen altersspezifischen Varietäten folgende Merkmale zuschreiben, wobei diese immer eine Generalisierung darstellen.

Kindersprache:[12]

- sehr beschränkter und einfacher Wortschatz, im Laufe der Entwicklung Zunahme des Wortschatzes,
- einfache und zunächst fehlerhafte Grammatik, im Laufe der Entwicklung Zunahme der Komplexität und Abnahme

[12] Die verschiedenen Phasen und die komplexe Entwicklung des Erstspracherwerbs (abgeschlossen in der Regel mit etwa neun bis zwölf Jahren) können hier nicht dargestellt werden. Diese Bereiche werden beispielsweise von der Psycholinguistik erforscht. Da in der kindlichen Sprachentwicklung innerhalb relativ kurzer Zeit große Veränderungen vollzogen werden, können hier nur sehr generalisierende Aussagen getroffen werden.

fehlerhafter Formen,

- zunächst eingeschränktes Lautrepertoire, im Laufe der Entwicklung sich entfaltend,
- einfache syntaktische Strukturen, im Laufe der Entwicklung komplexer werdend,
- pragmatische Fehler und Unsicherheiten, im Laufe der Entwicklung geringer werdend,
- eingeschränktes stilistisches Repertoire, im Laufe der Entwicklung sich ausdifferenzierend,
- Beschränkung auf die Mündlichkeit, zumindest weitgehend bis zum Schulalter,
- Tendenz zur Onomatopöie (Lautmalerei), im Laufe der Entwicklung sich abschwächend,
- geringe Variation im Ausdruck, im Laufe der Entwicklung sich vergrößernd,
- eingeschränktes Tempussystem (Gegenwart, Vergangenheit), im Laufe der Entwicklung ausdifferenziert,
- keine oder eingeschränkte Modalität, im Laufe der Entwicklung sich diversifizierend.

Jugendsprache:

- sprachliche Innovativität und Kreativität (Bildung von Kurzwörtern, Abkürzungen, von neuen Wortformen, von neuen Phrasen etc.),
- semantische Neuausdeutung von Lexik,
- Ausprägen sprachlicher Moden,
- Tendenz zur Verwendung von Fremdsprachlichem,
- Expressivität des Ausdrucks, speziell auch durch Überschreiten von sprachlichen Tabus, u.a. durch die Verwendung von Vulgarismen,
- Knappheit des Ausdrucks (kurze Sätze, Auslassen von Präpositionen, Artikel),
- Emotionalität des Ausdrucks,
- verstärkter Gebrauch von Metaphern und Metonymien,

- häufiger Gebrauch von Vagheits- und Unsicherheitsindikatoren (Partikeln, relativierende Phrasen wie *oder so, quasi, ich weiß nicht ...*),
- schablonenhaftes Formulieren/Stereotypie,
- lautliche Besonderheiten, u.a. Apokopierung, Kontraktion, häufige Verwendung von Interjektionen, Onomatopoetika,
- spezielle Realisierung gruppeninterner Sprachhandlungen wie Grüßen, Beschimpfen, Loben,
- Tendenz zur Intensivierung und Modifizierung (Übertreibung, Untertreibung),
- Tendenz zu Geheimsprachlichkeit,
- Verwendung primär in der Mündlichkeit.

Erwachsenensprache:
- keine Markiertheit gegenüber der Gemeinsprache (Umgangssprache),
- Orientierungsvarietät für die Kindersprache,
- Abgrenzungsvarietät für die Jugendsprache,
- Ausgangsvarietät für die Seniorensprache.

Seniorensprache:
- Verwendung von veraltenden oder veralteten Ausdrucksweisen (Archaismen): Lexik, Phraseologie, Grammatik, Syntax, Stil usw.,
- Rückkehr zu Dialektalem,
- Tendenz zur Paraphrasierung und Reformulierung/Wiederholung von bereits Gesagtem,
- häufige Sprachhandlung mit belehrender Intention unter Rückgriff auf eigene Erfahrungen.

Die sprachwissenschaftliche Teildisziplin, die sich mit den altersspezifischen Varietäten befasst, nennt sich *Alterslinguistik*. Neben der Beschäftigung mit den Merkmalen dieser Varietäten widmet sich die Alterslinguistik aber auch grundlegenden Fragen, wie z.B. der Definition des Generationenbegriffes in varietätenlinguistischer Hinsicht, sowie methodischen und praktischen Aspekten, wie beispielsweise der Erstellung von Sprachbiografien.

Vertiefungsaufgaben:

1. Überlegen Sie, welchen praktischen Nutzen die Beschäftigung mit der Seniorensprache haben kann. Geben Sie anschauliche Beispiele.
2. Warum kann man heute kaum noch sinnvoll von einer eigenen Varietät „Studentensprache" sprechen?
3. Erörtern Sie, welchen Status die Jugendsprache in den Medien besitzt, und erläutern Sie an geeigneten Beispielen, zu welchen Zwecken sie dort bewusst eingesetzt wird.

Idiolekte

Unter einem *Idiolekt* versteht man die spezifische Ausformung einer Sprache in der Verwendung durch einen einzelnen Menschen. Ein Idiolekt ist also eine auf das Individuum bezogene Varietät. Ein Idiolekt bestimmt sich – wie andere (allerdings gruppenbezogene) Varietäten auch – durch ein charakteristisches Profil in allen Bereichen der Sprache, primär sind dies z.B.:

- Lexik,
- Phraseologie,
- Phonetik,
- Syntax,
- Stil,
- Pragmatik.

Die idiolektalen Besonderheiten können unterschiedlich stark ausgeprägt sein und zur Identifizierung eines Sprechers bzw. Sprachverwenders dienen. Diese Erkennbarkeit des Idiolektes macht sich beispielsweise die so genannte *Forensische Linguistik* (Linguistik zu gerichtlichen Zwecken) zunutze. Bei Erpresserbriefen, Drohanrufen, Bekennerschreiben, aber auch bei Testamenten oder Geständnissen können über idiolektale Merkmale Aufschlüsse über den Verfasser/Urheber eines Textes gewonnen werden. Auch zur Identifizierung von Zitaten oder gar Plagiaten wird der Idiolekt herangezogen. Im historischen Kontext können über die Analyse von Texten auf idiolektale Eigenheiten Indizien für die Zuschreibung einer Autorschaft gewonnen werden. Notwendig ist dafür immer der Vergleich mit anderen Texten, bei denen der Autor eindeutig bekannt ist. In der Literatur ist der Idiolekt eines Autors meist für sein gesamtes Werk charakteristisch, man spricht hier (aus stilistischer Perspektive) oft auch von einem Personalstil. Wodurch wird ein Idiolekt geprägt? Unter dem Oberbegriff der Sozialisation wirken zahlreiche Faktoren, die Einfluss auf den Idiolekt haben. Hierzu können u.a. folgende Punkte zählen:

- regionale Herkunft,
- soziale Herkunft,
- Bildungsweg und Bildungshintergrund,
- Einbindung in soziale Milieus,
- familiäre Situation bzw. Entwicklung,
- Beruf,
- persönliche/biografische Besonderheiten, wie beispielsweise Behinderungen, traumatische Erfahrungen und Ereignisse, besondere Begabungen usw.

Die Erforschung von Idiolekten kann auf Grund der sehr unterschiedlichen Ausprägungsmöglichkeiten und Spezifika im Vergleich zu der Beschäftigung mit anderen Varietäten nur schwer zu verallgemeinerbaren Ergebnissen führen. Dies gelingt nur dann, wenn nicht nur einzelne Idiolekte betrachtet werden, sondern systematisch Idiolekte von Mitgliedern einer sozialen Gruppe. Auf diese Weise lassen sich durch Vergleich Gemeinsamkeiten identifizieren und damit Spezifika eines Soziolektes erschließen.

Vertiefungsaufgaben:

1. Beschreiben Sie die idiolektalen Besonderheiten eines von Ihnen ausgewählten Schriftstellers.
2. Erläutern Sie, warum die Identifizierung der Urheberschaft bei gesprochenen Texten häufig einfacher ist als bei geschriebenen Texten.

3. Nennen Sie einige Beispiele, an denen Sie zeigen, wie lexikalische und phraseologische Merkmale zur Ausprägung eines Idiolektes beitragen können.

Kontaktvarietäten

Die deutsche Sprache stand und steht mit vielen anderen Sprachen im Sprachkontakt. Dabei ist zu beachten, dass der Sprachkontakt immer auf der Ebene der Sprachnutzer erfolgt, d.h. im Kontakt von Individuen. Sprachkontakt erfolgt heute sowohl mit den Nachbarsprachen, wie beispielsweise Französisch, Niederländisch, Dänisch, Italienisch, Polnisch, Tschechisch oder Slowakisch, als auch mit Sprachen, die durch Migration mit dem Deutschen in Kontakt treten. Dies kann der Fall sein, wenn Migranten ihre Muttersprache mit in den deutschen Sprachraum bringen oder wenn Deutschsprachige in einen anderen Sprachraum migrieren (z.B. Deutsche auf Mallorca). Schließlich wird die deutsche Sprache aber auch auf andere Weise von verschiedenen Sprachen beeinflusst, wie beispielsweise durch Medien oder Musik (hier insbesondere durch Englisch), durch Fremdsprachenunterricht oder durch Kontakte im Rahmen des weltweiten Handels oder der globalen Produktion von Waren.

Auch historisch gab es zahlreiche Formen des Sprachkontaktes, z.T. mit Sprachen, die heute nicht mehr gebraucht werden. So wurden die historischen Sprachstufen des Hochdeutschen oder auch des Germanischen (als Vorstufe) durch andere Sprachen beeinflusst. In alt- und mittelhochdeutscher Zeit beispielsweise wirkte das Lateinische als Gelehrten- und Kirchensprache sehr stark auf das Deutsche ein. Im Zuge der so genannten Deutschen Ostsiedlung trafen deutschsprachige Siedler auf eine autochthone, meist slawischsprachige Bevölkerung und traten damit auch in Sprachkontakt.

Typische Kontaktvarietäten sind (allgemein) beispielsweise:

- Pidginsprachen,
- Kreolsprachen,
- Lernervarietäten.

Zentrale Ursachen für die Entstehung von Kontaktvarietäten sind u.a. die Notwendigkeit zur Verständigung, die unzureichenden Sprachkenntnisse der jeweils anderen Sprache bei den Kommunikationspartnern sowie Bezeichnungsbedürfnisse, die mit einer Sprache nicht zu realisieren sind.

Charakteristische Merkmale von Kontaktvarietäten können beispielsweise die folgenden sein:

- Instabilität auf Grund dynamischer Entwicklung der Kommunikationsbedingungen,
- beschränkte Kommunikationssituationen,
- eingeschränkte Themenbereiche,
- Tendenzen zur Vereinfachung, z.B. in Lexik und/oder Grammatik,
- weitgehende Beschränkung auf die gesprochene Sprache,
- ungleiche Kompetenzen in Sprache und Wissen zwischen den Kommunikationspartnern.

Die jeweilige konkrete Ausgestaltung der Kontaktvarietäten hängt jedoch sehr stark von Faktoren wie Status, Sprachprestige, Machtverhältnisse, Kommunikationsbereiche und anderen ab.

Mit dem Sprachkontakt beschäftigt sich die so genannte *Kontaktlinguistik*.

Vertiefungsaufgaben:

1. Positionieren Sie sich zu der Behauptung, dass es im deutschsprachigen Raum im Mittelalter in Klöstern möglicherweise eine lateinisch-deutsche Kontaktvarietät gegeben habe.
2. Warum führt nicht jeder Sprachkontakt zur Herausbildung einer Kontaktvarietät?
3. Erörtern Sie, warum viele Kontaktvarietäten und ihre Phänomene bislang nur wenig erforscht sind.

Varietäten mit reduziertem Repertoire

Varietäten mit reduziertem Repertoire wurden in der linguistischen Forschung lange vor allem unter dem Aspekt des Defizits betrachtet. Aus sozio- und varietätenlinguistischer Sicht ist aber weniger dieser Gesichtspunkt relevant, sondern vielmehr, dass es sich dabei um Varietäten bestimmter Gruppen handelt. Die Gründe für die sprachliche Reduzierung in den betreffenden Varietäten können ganz unterschiedlich sein. Neben mangelnder Sprachkompetenz und Sprachkontaktphänomenen (*Migrantendeutsch, Unserdeutsch, Küchendeutsch*) steht bewusste Reduzierung (*Kindgerichtete Sprache, Leichte Sprache*). In jedem Falle spiegelt das reduzierte Repertoire der Varietäten die Spezifik der jeweiligen Verwendergruppe wider.

Migrantendeutsch

Eine Varietät, die auf Menschen mit Migrationshintergrund beschränkt ist, stellt das *Migrantendeutsch* dar. Lange Zeit wurde es auch als *Gastarbeiterdeutsch* bezeichnet. Bemerkenswert ist dabei, dass innerhalb des Migrantendeutschen zwar Unterschiede je nach Erstsprache der Sprecher und auch auf individueller Ebene bestehen, eine strikte Abgrenzbarkeit von Untervarietäten in Abhängigkeit von den Erstsprachen jedoch nicht vorliegt. Vielmehr können gemeinsame charakteristische Merkmale identifiziert werden. Dazu gehören:

- Fehlen ansonsten obligatorischer Satzglieder (u.a. Artikel, Präpositionen, Hilfsverben),
- Abweichung in der Satzstellung (u.a. von der Verb-Zweitstellung im Hauptsatz, von der Verb-Letztstellung im Nebensatz, fehlende Inversion im nicht eingeleiteten Frage-

satz, Nachstellung von Adjektiven/Attributen),

- morphologische Reduktion (z.B. Reduzierung der Zahl der Genera, Verwendung der Singularform für Plural, Reduzierung der gebrauchten Flexionsendungen, Reduzierung der Verbformen durch Verwendung z.B. des Infinitivs),
- Paraphrasierung (um mit begrenztem Lexembestand breitere Ausdrucksmöglichkeiten zu generieren),
- funktionelle Konversion (z.B. Gebrauch von Nomina in der Funktion von Adjektiven),
- Neubildung von analogen, in der Gemeinsprache nicht usualisierten Wortformen.

Für die Erklärung der Ursachen dieser gemeinsamen Phänomene gibt es verschiedene Theorien und Ansätze. Hierzu gehören beispielsweise die Deutungen als Übertragungsprodukt aus den Erstsprachen, als eine Pidgin-Sprache oder auch als bedingt durch universelle Prinzipien der Sprachvereinfachung. Alle diese Ansätze besitzen Schwächen, so kann beispielsweise die Erklärung, dass die betreffenden Phänomene aus dem Hintergrund der Erstsprachen resultierten, nur schwer die relativ große phänomenologische Ähnlichkeit bei unterschiedlichen Ausgangssprachen motivieren.

Trotz aller Reduktion kann man aber im Kontrast zur Gemeinsprache nicht nur Defizite konstatieren, sondern vielmehr auch große sprachliche Kreativität und hohe Flexibilität, die oftmals bedingt sind durch aktive Vermeidungsstrategien auf Grund mangelnder sprachlicher Kompetenz, so dass zur Verständigung mit dem vorhandenen, meist elementaren sprachlichen Material und einem eingeschränkten Regelsystem operiert wird.

Verschiedene Formen von Migrantendeutsch können unterschiedliche soziale Wirkungen und Funktionen besitzen, so kann die Verwendung dieser Varietät zur sozialen Stigmatisierung führen, in Form des so genannten *Kiezdeutschen* aber auch zur sozialen oder arealen Identitätsstiftung dienen oder bei-

spielsweise bei der Verwendung in Raptexten auch (sprach-) künstlerische Zwecke erfüllen.
Während in der zweiten Hälfte des 20. Jahrhunderts das damals so genannte Gastarbeiterdeutsch häufig noch als eine vorübergehende Erscheinung angesehen wurde, kann inzwischen von einer Verstetigung einer Varietät Migrantendeutsch gesprochen werden.
Sieht man von vereinzelten Aufzeichnungen von Migranten sowie von kurzen Passagen in der Literatur ab, die die sprachliche Realität von Migranten spiegeln sollen, ist Migrantendeutsch eine auf das Mündliche beschränkte Varietät.

Unserdeutsch

Im Zuge des Kolonialismus des späten 19. und frühen 20. Jahrhunderts traf die deutsche Sprache in den Kolonialgebieten auf die Sprachen der autochthonen Bevölkerung. Im Sprachkontakt entwickelten sich so genannte *Kontaktvarietäten*. Eine davon ist das so genannte *Unserdeutsch*. Diese Varietät stellt eine *deutschbasierte Kreolsprache* dar, die also bei der betreffenden Sprechergruppe als Muttersprache erworben wird. Diese Gruppe besteht heute mutmaßlich nur noch aus einigen Dutzend Personen, so dass ein Untergang des Unserdeutschen zu erwarten ist. Entstanden ist Unserdeutsch um 1900 im damaligen Neupommern, einer Insel im so genannten Bismarck-Archipel, der zur Kolonie Deutsch Neuguinea gehörte. Kontaktsprache war Tok Pisin, die heute am weitesten verbreitete Verkehrssprache Neuguineas, ebenfalls eine Kreolsprache. Der Entstehungskontext der Varietät war das Umfeld einer Missionsstation, in der Kinder Unterricht in deutscher Sprache erhielten. Während die Lexik im Wesentlichen auf dem Deutschen basiert, wurde die Grammatik weitgehend aus dem Tok Pisin übernommen.

Wesentliche Merkmale von Unserdeutsch sind:

- Aussprache der Vokale in der Regel kurz,
- Entrundung der Umlaute *ö* und *ü* (zu *e* und *i*),
- Substituierung von komplexen Lauten wie *pf* (> *f*),
- Wegfall von Konsonantenhäufungen am Wortende,
- keine Deklination,
- Reduzierung auf einen Artikel (*de*),
- Pluralbildung der Nomina durch Voranstellung von *alle*, Nomina ohne Pluralmorphem,
- keine Konjugation,
- vereinzelte lexikalische Entlehnung aus dem Englischen und dem Tok Pisin,
- konsequente Subjekt-Verb-Objekt-Satzstellung und damit
- keine formale Differenzierung von Haupt- und Nebensätzen.

Obwohl die Sprechergruppe von Unserdeutsch immer klein war, konnte sich die Sprache durch das starke Zusammengehörigkeitsgefühl der Gruppe halten.

Küchendeutsch

Ebenso wie *Unserdeutsch* ist auch *Küchendeutsch* eine in der deutschen Kolonialvergangenheit entstandene Kontaktvarietät. Allerdings wird Küchendeutsch als Sekundärsprache erworben, ist also keine Muttersprache. Es handelt sich hierbei also um ein *deutschbasiertes Pidgin*, d.h. um eine Varietät des Deutschen mit reduziertem Repertoire, die zur Verständigung von nicht-deutschsprachigen mit deutschsprachigen Personen genutzt wird.

Das Küchendeutsch wird heute noch von mehreren Tausend Personen (in der Regel Schwarzen) in Namibia beherrscht, vorwiegend jedoch von älteren Personen, während jüngere Generationen Sprachen wie Afrikaans und Englisch für die interethnische Kommunikation nutzen. Ein künftiger Untergang

dieser Kontaktvarietät ist daher wahrscheinlich.
Der sprechende Name der Varietät benennt bereits den bevorzugten Kommunikationsrahmen, in dem Küchendeutsch benutzt wurde, nämlich den Haushalt, speziell die Küche, bei deutschsprachigen Familien. Der reduzierte Sprachstand resultiert einerseits aus dem Spracherwerb ohne geregelten Unterricht, andererseits aus den nur eingeschränkten Bezeichnungs- und Kommunikationsbedürfnissen in den genannten Kontexten.
Die Verwendung der Varietät wird durch hierarchische Kommunikationssituationen charakterisiert: Angehörige der (ehemaligen) Kolonisatoren als Arbeitgeber – Angehörige der autochthonen Ethnien als Bedienstete. Kontaktsprachen, mit denen das Deutsche bei der Entstehung und Entwicklung des Küchendeutschen interagierte, sind u.a.:

- Herero,
- Wambo,
- Afrikaans.

Typische Merkmale des Küchendeutschen sind:

- stark reduzierte Lexik,
- vereinfachte Morphosyntax, z.B. in Form von fehlenden Kasus- oder Genus-Endungen,
- äußerst variable sprachliche Strukturen.

Kindgerichtete Sprache

Eine weitere Varietät mit reduziertem Repertoire ist die so genannte *Kindgerichtete Sprache*. Früher wurde diese auch als *Ammensprache* bezeichnet. Hierbei handelt es sich um eine Varietät, die von Erwachsenen in der Kommunikation mit Kleinkindern (bzw. Kleinstkindern) verwendet wird und die sich in ihrer Spezifik an das (mutmaßliche oder von den Verwendern vermutete) sprachliche Rezeptionsvermögen von Kleinkindern anpasst. Dabei weist die Kindgerichtete Sprache folgende

Merkmale auf:

- Verwendung eines begrenzten lexikalischen Repertoires,
- Verwendung „einfacher" Wörter, Vermeidung von Komposita,
- Wortwiederholungen,
- stark reduzierte Syntax,
- Produktion kurzer Sätze und Texte,
- Beschränkung auf wenige grammatische Formen,
- Reduzierung des Tempus-Spektrums auf Präsens und Perfekt,
- starke Betonung,
- überdeutliche Artikulation,
- langsames Sprechen,
- ausgeprägte Prosodie,
- stark ausgeprägte emotive Komponente,
- häufig Nutzung einer höheren Stimmlage.

Die Kindgerichtete Sprache ist eine rein mündliche Varietät, da sie sich nur an Kleinkinder richtet und keinen schriftsprachlichen Status besitzt. Spuren Kindgerichteter Sprache finden sich jedoch beispielsweise in Bilderbüchern.

Kindgerichtete Sprache mit ihren Besonderheiten wird in der Regel intuitiv gebraucht. Latentes Ziel ist neben der Sicherung des Verständnisses vor allem die Förderung des kindlichen Spracherwerbs.

Leichte Sprache

Anders als die anderen hier vorgestellten Varietäten mit reduziertem Repertoire ist die so genannte *Leichte Sprache* eine Varietät, die konstruiert und bewusst vereinfachend ist. Ziel ist es dabei, Menschen mit geringer Kompetenz der deutschen Sprache ein einfaches Verständnis von Texten zu ermöglichen. Das bedeutet, dass die Vereinfachung primär auf die Gruppe der Rezipienten ausgerichtet ist, es also nicht vorrangig um die

Vereinfachung der Sprachproduktion geht.

Die geringe Kompetenz in der Rezeption der deutschen Sprache kann aus verschiedenen Ursachen resultieren, wie beispielsweise Migrationshintergrund, Bildungsferne, Leseschwäche (Dyslexie) oder auch kognitive Einschränkungen durch Krankheit (z.B. Demenz) oder Behinderung. Die Verwendung von Leichter Sprache soll diesen Personen die Teilhabe am öffentlichen/gesellschaftlichen Leben erleichtern. Dies wird auch durch Gesetze und Verordnungen, z.B. in der Bundesrepublik Deutschland durch das Behindertengleichstellungsgesetz, gefordert.

Anders als die Rezipienten der Leichten Sprache besitzen die Produzenten in der Regel keine eingeschränkte, sondern oft besonders große Kompetenz in der Verwendung der deutschen Sprache.

Charakteristische Merkmale der Leichten Sprache sind u.a.:

- Verwendung kurzer Sätze,
- Vermeidung von Passiv,
- Vermeidung von Konjunktiv,
- Vermeidung von Nebensätzen,
- konsequente Satzstruktur Subjekt – Prädikat – Objekt,
- weitgehende Vermeidung des Genitivs,
- weitgehende Vermeidung von komplexeren Zahlenangaben und Substitution durch *viel* bzw. *wenig*,
- weitgehende Vermeidung von Fremdwörtern bzw. Gebrauch mit unmittelbarer Erklärung,
- weitgehende Vermeidung von Abstrakta,
- häufige Auftrennung von Komposita durch Verwendung von Bindestrichen,
- weitgehende Vermeidung von Metaphern und Metonymien,
- typografische Vereinfachung (durchgehend linksbündige Schreibung, einfache Absatzstrukturen etc.),

- Verwendung von erläuternden Sprache-Bild-Kombinationen.

Aus der Spezifik der Leichten Sprache als geplante Varietät resultiert, dass es für sie kodifizierte Regeln gibt, die speziell vom „Netzwerk Leichte Sprache" festgelegt werden. Die Idee der Leichten Sprache geht maßgeblich zurück auf die amerikanische Organisation „People First", die in den 1990er Jahren das englischsprachige Pendant *Easy Read* entwickelte. Frühere Ansätze gab es allerdings schon in Schweden. Seit Ende der 1990er Jahre gibt es auch im deutschsprachigen Raum Initiativen, die sich für die Umsetzung der Idee im Deutschen einsetzen und die Verwendung Leichter Sprache propagieren.

Die Verwendung der Leichten Sprache ist in der Öffentlichkeit und in der Forschung umstritten; als Argumente werden angeführt, diese Varietät sei latent bildungsfeindlich bzw. für die Zielgruppe stigmatisierend.

Weniger stark als in der *Leichten Sprache* ist die Vereinfachung in der so genannten *Einfachen Sprache.* Diese orientiert sich an der Standardvarietät, vermeidet aber für Menschen mit geringer Sprachkompetenz komplizierte Formen und Strukturen.

Vertiefungsaufgaben:

1. Erörtern Sie die These, dass Migrantendeutsch eine Übergangsvarietät ist, die wieder verschwinden wird.
2. Recherchieren Sie zur sprachlichen Realität von Unserdeutsch und Küchendeutsch. Stellen Sie Gemeinsamkeiten und Unterschiede fest.
3. Informieren Sie sich über die Leichte Sprache und lesen Sie einen selbst gewählten Text in dieser Varietät. Diskutieren Sie an diesem Beispiel Vor- und Nachteile der Leichten Sprache und erörtern Sie mögliche Vorbehalte gegen diese Varietät.

Fazit und Ausblick

In den letzten Jahrzehnten hat sich das Spektrum an Varietäten deutlich verändert, insbesondere sind zahlreiche neue Varietäten entstanden. Die Ursachen hierfür liegen sowohl im verstärkten gesellschaftlichen Wandel als auch in den Möglichkeiten und Entwicklungen der so genannten Neuen Medien. Beide Faktoren haben die Bildung neuer gesellschaftlicher Gruppen und Bedürfnisse ebenso vorangetrieben wie die Veränderung der Kommunikation. Status und Bedeutung von einzelnen Varietäten müssen in diesen veränderten Kontexten neu definiert werden. Traditionellen Varietäten, wie beispielsweise den Dialekten, wird eine neue Rolle zugewiesen. So ist einerseits in vielen Gebieten ein deutlicher Dialektschwund zu verzeichnen, andererseits verliert in Teilen der Neuen Medien der Standard seine bisher im Schriftsprachlichen vorhandene Dominanz, während Regiolektales bzw. Dialektales hier vermehrt Akzeptanz finden.

Auch die Grenzen der altersspezifischen Varietäten verschieben sich. Fachsprachliches dringt immer mehr in die Gemeinsprache ein, die lange Zeit klare Abgrenzung ist bisweilen nicht mehr eindeutig zu erkennen. Bei anderen Varietäten vollziehen sich ebenfalls Veränderungen, deren Ergebnisse derzeit noch nicht abzusehen sind.

Wagt man vor diesem Hintergrund einen Ausblick, so scheint es nicht unplausibel, dass sich die dynamische Entwicklung weiter fortsetzen, ggf. sogar beschleunigen wird. Hierdurch wird zukünftig die Beschreibung und Untersuchung von Varietäten noch komplexer und anspruchsvoller werden. Dies bedingt aber auch, dass die Bedeutung profunden Grundlagenwissens zunehmen wird. Die im vorliegenden Band versammelten Einblicke in die diversen Varietäten können dazu einen Beitrag leisten.

Literatur

Ammon, Ulrich/Bickel, Hans/Lenz, Alexandra N. (Hrsg.): Variantenwörterbuch des Deutschen. Die Standardsprache in Österreich, der Schweiz, Deutschland, Liechtenstein, Luxemburg, Ostbelgien und Südtirol sowie Rumänien, Namibia und Mennonitensiedlungen. Berlin 2018[2] (de Gruyter Mouton)

Augenstein, Susanne: Funktionen von Jugendsprache. Studien zu verschiedenen Gesprächstypen des Dialogs Jugendlicher mit Erwachsenen. Reihe *Germanistische Linguistik* 192. Tübingen 1998 (Max Niemeyer Verlag)

Ayaß, Ruth: Kommunikation und Geschlecht. Eine Einführung. Stuttgart 2008 (Kohlhammer)

Barbour, Stephen/Stevenson, Patrick: Variation im Deutschen. Soziolinguistische Perspektiven. Berlin/New York 1998 (Walter de Gruyter)

Berend, Nina (Hrsg.): Sprachinselwelten. Entwicklung und Beschreibung der deutschen Sprachinseln am Anfang des 21. Jahrhunderts. Frankfurt am Main 2006 (Peter Lang)

Biere, Bernd Ulrich: Einheit und Vielfalt des Deutschen. Diachronie und Synchronie. Brey 2015 (Mykum Verlag)

Dittmar, Norbert: Grundlagen der Soziolinguistik. Ein Arbeitsbuch mit Aufgaben. Tübingen 1997 (Max Niemeyer Verlag)

Dürscheid, Christa/Businger, Martin (Hrsg.): Schweizer Standarddeutsch. Beiträge zur Varietätenlinguistik. Tübingen 2006 (Gunter Narr Verlag)

Ebner, Jakob: Wie sagt man in Österreich? Wörterbuch des österreichischen Deutsch. Mannheim/Wien/Zürich 2009[4] (Dudenverlag)

Eichinger, Ludwig M./Kallmeyer, Werner (Hrsg.): Standardvariation. Wie viel Variation verträgt die deutsche Sprache? Berlin/New York 2005 (Walter de Gruyter)

Felder, Ekkehard: Einführung in die Varietätenlinguistik. Darmstadt 2016 (Wissenschaftliche Buchgesellschaft)

Heilmann, Christa M. (Hrsg.): Frauensprechen – Männersprechen. Geschlechtsspezifisches Sprachverhalten. *Sprache und Sprechen* 30. München/Basel 1995 (Ernst Reinhardt Verlag)

Hinrichs, Uwe: Multi-Kulti-Deutsch. Wie Migration die deutsche Sprache verändert. München 2013 (C. H. Beck)

Hoffmann, Michael: Stil und Text. Eine Einführung. Tübingen 2017 (Narr Francke Attempto)

Holmes, Janet: Women, Men and Politeness. Harlow 1995 (Addison, Wesley, Longman)

König, Werner: dtv-Atlas zur deutschen Sprache. Tafeln und Texte. Mit Mundart-Karten. München 1992[9] (Deutscher Taschenbuch Verlag)

Karin, Anna/Ulivi, Silvia/Wich-Reif, Claudia (Hrsg.): Regiolekt, Funktiolekt, Idiolekt. Die Stadt und ihre Sprachen. Göttingen 2015 (V&R Unipress)

Kauschke, Christina: Kindlicher Spracherwerb im Deutschen. Verläufe, Forschungsmethoden, Erklärungsansätze. Berlin/Boston 2012 (de Gruyter)

Klann-Delius, Gisela: Sprache und Geschlecht. Eine Einführung. Stuttgart/Weimar 2005 (J. B. Metzler)

Knipf-Komlósi, Elisabeth/Riehl, Claudia Maria (Hrsg.): Kontaktvarietäten des Deutschen synchron und diachron. Wien 2012 (Praesens Verlag)

Kotthoff, Helga/Nübling, Damaris: Genderlinguistik. Eine Einführung in Sprache, Gespräch und Geschlecht. Tübingen 2018 (Narr Francke Attempto)

Löffler, Heinrich: Germanistische Soziolinguistik. Berlin 1994[2] (Erich Schmidt Verlag)

Löffler, Heinrich: Germanistische Soziolinguistik. Berlin 2016[5] (Erich Schmidt Verlag)

Maitz, Péter/Lindenfelser, Siegwalt: Unserdeutsch: Ein (A)Typisches Kreol?, in: Zeitschrift für Dialektologie und Linguistik 85 (2018), S. 307-347

Meyer, Kurt: Wie sagt man in der Schweiz? Wörterbuch der schweizerischen Besonderheiten. Mannheim/Wien/Zürich 1989 (Dudenverlag)

Neuland, Eva: Jugendsprache. Tübingen 2018[2] (A. Francke Verlag)

Niebaum, Hermann/Macha, Jürgen: Einführung in die Dialektologie des Deutschen. Germanistische Arbeitshefte 37. Tübingen 2006² (Niemeyer Verlag)

Ódor, László: Helvetismen. Deutsches Kulturwörterbuch der Schweizerischen Eidgenossenschaft. München 2010 (Martin Meidenbauer)

Kubczak, Hartmut: Idiolekt und Kommunikation. Hürtgenwald 2001 (Pressler)

Roelcke, Thorsten: Fachsprachen. Berlin 2019 (Erich Schmidt Verlag)

Sandig, Barbara: Stilistik der deutschen Sprache. Berlin/New York 1986 (de Gruyter)

Schneider-Wiejowski, Karina/Kellermeier-Rehbein, Birte/Haselhuber, Jakob (Hrsg.): Vielfalt, Variation und Stellung der deutschen Sprache. Berlin/Boston 2013 (de Gruyter)

Schuppener, Georg: Bibliographie zur Sondersprachenforschung. Wiesbaden 2002 (Harrassowitz)

Siewert, Klaus (Hrsg.): Aspekte und Ergebnisse der Sondersprachenforschung. Wiesbaden 1999 (Harrassowitz)

Sinner, Carsten: Varietätenlinguistik. Eine Einführung. Tübingen 2014 (Narr Verlag)

Stolz, Thomas/Warnke, Ingo H./Schmidt-Brücken, Daniel (Hrsg.): Sprache und Kolonialismus. Eine interdisziplinäre Einführung zu Sprache und Kommunikation in kolonialen Kontexten. Berlin/Boston 2016 (de Gruyter)

Sutter, Patrizia: Diatopische Variation im Wörterbuch. Theorie und Praxis. Berlin 2017 (de Gruyter)

Veith, Werner H.: Soziolinguistik. Ein Arbeitsbuch mit 104 Abbildungen, Kontrollfragen und Antworten. Tübingen 2005² (Gunter Narr Verlag)

Ferner sei auf die einschlägigen Bände der Reihe „Handbücher zur Sprach- und Kommunikationswissenschaft“ (HSK) verwiesen, speziell die Bände 1 (Dialektologie), 2 (Sprachgeschichte), 3 (Soziolinguistik), 12 (Kontaktlinguistik), 14 (Fachsprachen), 30 (Sprache und Raum) und 31 (Rhetorik und Stilistik).

Internet-Quellen:

http://www.atlas-alltagssprache.de/
https://dibs.badw.de/dialekte-schwabens.html
Letzter Zugriff: jeweils 31.1.2020